Anne Leier
Photos von Alciro Theodoro da Silva

Altes Land
Buxtehude
Stade

Geschichten, Bilder, Wege

Christians

Die Deutsche Bibliothek — CIP-Einheitsaufnahme

Altes Land — **Buxtehude** — **Stade**: Geschichten, Bilder, Wege/
Anne Leier; Alciro Theodoro da Silva. — Hamburg: Christians, 1994
ISBN 3-7672-1198-X
Ne: Leier, Anne; Silva, Alciro Theodoro da

© Christians Verlag, Hamburg 1994
Alle Rechte vorbehalten
Grafische Gestaltung: Ulrike Thiele
Umschlaggestaltung: Wolfgang Dutschke
Englische Übersetzung: Dennis Clark
Französische Übersetzung: Karin Meßmer und Catherine Royer
ISBN 3-7672-1198-X

Inhalt

Die Elbe als Schicksalsfluß Geschichte des Alten Landes	6
Cranz, Königreich und Estebrügge	16
Jork und Borstel	30
Hollern Twielenfleth	50
Stade	60
Mittelkirchen, Guderhandviertel und Neuenkirchen	70
Buxtehude	80

Den Bug immer in Richtung Elbe gerichtet: Von der Lühe-Mündung aus fuhren die Schiffe jahrhundertelang aufs Meer hinaus.

The bow always pointing towards the Elbe. From the mouth of the Lühe ships have been heading for the open sea for centuries.

La proue toujours dirigée vers l'Elbe: pendant des siècles, les bateaux partaient de l'embouchure de la Lühe en mer.

Die Elbe als Schicksalsfluß
Geschichte des Alten Landes

»Der Elbstrom braust mir durch die Adern . . .« Der Satz, den Christian Dietrich Grabbe dem Welfenherzog Heinrich dem Löwen in seinem Drama »Die Hohenstaufen« in den Mund legte, könnte auch über der Geschichte des Alten Landes stehen. Durch Jahrhunderte hat der Fluß das Leben der Menschen bestimmt. Hat ihnen Auskommen beschert und sie dann doch untergehen lassen, wenn er wieder einmal eine »Jahrhundertflut« als Massenbegräbnis über das Land geschickt hat. Dennoch haben die Bewohner an seinen Ufern nicht aufgegeben. Und in mehr als zweitausend Jahren ein Kulturland geschaffen, das heute geradezu paradiesische Züge trägt. Auch wenn es manchem vielleicht zu perfekt, zu sauber geharkt und zu übersichtlich ist.

Erstaunlich früh schon haben sich Menschen in das Urstromtal der Elbe gewagt. Und an der Lühe-Mündung gefundene Waffen lassen sich auf die letzte Eiszeit vor 10 000 Jahren datieren. Um 600 v. Chr. haben sich dann Siedler an den Ufern der Elbe niedergelassen. Als kulturell hochstehend gelten die von Plinius beschriebenen Chauken, die um die Zeitenwende eingewandert sind. Doch ihnen war keine dauerhafte Bleibe beschieden. Um 200 n. Chr. setzten die Sachsen über die Elbe. Und wurden durch Übersiedlung, Vertreibung und Unterjochung Herren in dem immer wieder überschwemmten Amphibienland. Dabei hatten sie durchaus Erfolg mit der Landwirtschaft. Getreide gedieh gut auf den fruchtbaren Böden. Auf im Sommer trockenen Wiesen weidete das Vieh. Ihre Häuser errichteten sie auf Wurten, die, den Halligen nicht unähnlich, mit ringförmigen Sommerdeichen geschützt waren. Wie viele dieser Bauern um 800 herum von Karl dem Großen zwangsumgesiedelt worden sind, als er die Sachsen zu unterwerfen trachtete, weiß man nicht. In jedem Fall hat der Frankenkaiser auch Einfluß in dieser Region genommen und einmal auch das nahe Hollenstedt besucht. Schon damals werden Kolonisten ins Land gekommen sein. Und vermutlich – so jeden-

falls der Historiker Friedrich A. Schröder – waren vereinzelt auch schon die sagenumwobenen Holländer dabei, die heute in den Köpfen der Menschen herumspuken. Immer wieder werden sie als die Urväter der Altländer genannt. Sicherlich nicht ganz zu Recht. Denn die wichtigste Quelle, eine von dem hamburgischen Erzbischof Friedrich ausgestellte Urkunde, berichtet lediglich davon, daß der Kirchenfürst von gewissen diesseits des Rheins wohnenden Holländern um die Nutzung von bisher unbebautem sumpfigem, den Einheimischen unnützem Gelände zur Urbarmachung gebeten worden sei.

Der Holländermythos entstand vermutlich gerade durch die unpräzisen Angaben, die diesem – nicht mehr im Original vorhandenen – Dokument zugrunde liegen. Denn diesseits des Rheines gab es ja auch andere sumpfige Landstriche, die gemeint gewesen sein können. Ein klares Bild über die Besiedlung bleibt folglich auch Illusion. Denn natürlich werden nicht Tausende von Niederländern ins Land geströmt sein, um hier ein zweites Holland zu erbauen. Wie in vielen damals neu erschlossenen Gegenden stammten die Bauern – meist »weichende zweite Söhne« – aus den unterschiedlichsten Regionen des Reiches. Und auch von der mageren Geest werden sie ins fruchtbare Marschenland gekommen sein. Dabei haben Holländer als »Oberingenieure« und Experten im Entwässerungswesen sicherlich eine führende Rolle gespielt. Und da sie im Gepäck auch noch ein perfekt ausgearbeitetes Rechtssystem hatten, wurde einzelnen Ortschaften das holländische, damals sehr freizügige Recht zugestanden. Andere Dörfer aber wurden nach dem sächsischen Codex behandelt. Einen Anspruch auf eine eigene Kirche stand beiden Verwaltungseinheiten zu: Die ungewöhnlich hohe Anzahl von Gotteshäusern im Alten Land läßt sich heute aus diesem alten Recht erklären.

Viel Zeit für den Bau aufwendiger Kirchen wird den Menschen anfangs nicht geblieben sein: Der

Die Unbilden der Natur vor Augen bauten sich die Menschen ihre Häuser wie Kunstwerke. Die gekreuzten Schwanengiebel am First des Daches sollten Schutz bieten vor Dämonen.

Aware of the rigours of the climate, people built their houses as works of art. The crossed gables on the roof ridge in the form of swans provides protection against demons.

Face aux intempéries de la nature, les gens ont construit leurs maisons à l'image d'œuvres d'art. Les pignons croisés en forme de cygnes au faîte du toit étaient censés donner protection contre les démons.

Kampf gegen das Wasser war in den kommenden Jahrhunderten die wichtigste Herausforderung. Und Stück um Stück wurde das Schwemmland durch ein weitverzweigtes Grabensystem dem Zugriff der Elbe entzogen. Erst später hat man dann auch festere Deiche gebaut. Und ihre Pflege in ein strenges Rechtssystem eingebunden.

Betrachtet man die innere Verwaltung des Alten Landes, dann fällt ein hohes Maß an Eigenständigkeit auf. Anders als in Mecklenburg oder Holstein, wo die Bauern früh in die Abhängigkeit des Adels gerieten, hat sich im Alten Land ein auf seinen Rechten bestehender Bauernstand entwickelt. Sowohl die nach sächsischem als auch die nach holländischem Recht lebenden Bauernschaften waren in sogenannte »Meenheiten« eingeteilt, denen gewählte Hauptleute (hovetlüde) vorstanden. Bestätigt wurden die Grundzüge der Altländer Verfassung erstmals im Jahre 1517 von dem Bremer Erzbischof Christoph, und 70 Jahre später sorgte eine Ergänzung für eine klare Struktur der Verwaltung. Danach nahmen nun zwei »Gräfen« die Interessen des Landesherrn wahr. Wobei einer rechts und einer links der Lühe seinen Sitz hatte. Bezeichnenderweise dominierte bei der Vergabe des Gräfenamtes der Bauernstand: Bis zum Ende des 30jährigen Krieges stammten von 27 Gräfen nur acht aus bremischem Adel, die anderen waren alle aus Altländer Bauernfamilien hervorgegangen. Weitreichend waren die Machtbefugnisse der Gräfen: Neben der Tätigkeit als Steuereinnehmer hatten sie auch den Vorsitz an den Gerichtstagen zu führen. Eine Eigenheit im Alten Land war es, daß aus Bürgern gebildete sogenannte Prämonterialgerichte Zivil- und Strafsachen in erster Instanz behandeln durften. Eine beinahe archaische Einrichtung, die bis in die Neuzeit hineinreichte und von den aufgeklärten Historikern des 19. Jahrhunderts scharf kritisiert worden ist.

Altertümlich mutet auch die Aufteilung des Alten Landes in »drei Meilen« an, die sich aus den geographischen Voraussetzungen ergeben hatte. In drei etwa gleich große Abschnitte gliederten die Flüsse die Marsch, wobei die erste Meile von der Schwinge an die Lühe, die zweite von der Lühe an die Este, die dritte von der Este bis an die Süderelbe heranreichte. Irritierend ist dabei, daß man ein Längenmaß als Bezeichnung für eine Fläche verwendete. Dennoch nimmt man heute an, daß sich der Name von der alten Norddeutschen Meile ableiten läßt. Nicht ganz geklärt ist auch

Von den Elbfischern zwischen
Cranz und Stade ist nur einer
übrig geblieben. Für For-
schungszwecke wirft er heute
seine Netze aus.

The only Elbe fisherman left
between Cranz and Stade today
casts his nets for research
purposes.

De tous les pêcheurs de l'Elbe
entre Cranz et Stade, il n'en est
resté qu'un qui lance
aujourd'hui ses filets à des fins
de recherche scientifique.

Die Altländerinnen haben
immer mit beiden Beinen im
Leben gestanden. Eine Frau in
Lühe hilft beim Aufstellen der
Netze.

The women of the Altes Land
have always had their feet firmly
on the ground. A woman in
Lühe helping to put up the nets.

Les habitantes de l'Altes Land
ont toujours eu les pieds sur
terre. Une femme à Lühe aide à
placer les filets.

Tausende von Gräben durchzogen einst das Land. Nach dem Zweiten Weltkrieg hat man viele von ihnen zugeschüttet.

The land was once criss-crossed by thousand of ditches. Many of them were filled in after the Second World War.

Des milliers de fossés traversaient jadis la région. Après la deuxième guerre mondiale, on en a comblé un grand nombre.

die Herkunft des Namens Altes Land. Mit großer Wahrscheinlichkeit hat man irgendwann von der dritten, immer wieder überschwemmten Region zwischen Este und Süderelbe als der »neuen Meile« gesprochen. Und die beiden anderen, bereits fruchtbaren Meilen zwischen Schwinge und Este als »dat ohle Land« bezeichnet. Nicht unwesentlich trägt dieser Gediegenheit ausstrahlende Name heute zu dem Gefühl bei, diesem Land könne nichts und niemand etwas anhaben.

Dabei haben gerade die Altländer im Lauf der Zeit immer wieder umdenken müssen. Und so friedlich heute auch die Region wirkt, so wenig geruhsam ging es in den letzten tausend Jahren zu. Denn immer war das Schicksal des Alten Landes mit den Geschicken von Stade verbunden. Und diese Stadt stand früh schon im Mittelpunkt des Streits zwischen weltlicher und geistlicher Macht. Erbittert stritten nach dem Tod des letzten Stader Grafen im Jahre 1144 der Welfenherzog Heinrich der Löwe und der widerrechtlich in den Besitz der Pfründe gelangte Erzbischof Adalbert von Bremen um die Macht an der Unterelbe. Und auch der mit Holstein belehnte Schauenburger Herzog versuchte sich der bedeutenden Handelsstadt und ihrer umliegenden Regionen zu bemächtigen. Erst 1236 fiel Stade endgültig – und mit ihm die erste Meile zwischen Schwinge und Lühe – an das bremische Erzstift, während der Rest des Alten Landes zum Bistum Verden kam. Bis zum Jahre 1645 verblieben alle drei Meilen also unterm Krummstab. Und erst als General Christoph von Königsmarck an der Spitze eines schwedischen Heeres als Sieger in Stade eingezogen war und die Bistümer nach dem Westfälischen Frieden in weltliche Herzogtümer umgewandelt worden waren, hatten die Kirchenfürsten endgültig abgedankt. Fast siebzig Jahre waren nun die Schweden die Landesherrn. Malträtierten die Menschen mit hohen Kontributionen. Und bauten die Stadt Stade zu ihrer wichtigsten Festung auf dem Kontinent aus.

Denn natürlich blieb der Stader Raum mit den fetten Elbmarschen begehrtes Land. Und vor allem die Dänen erwiesen sich als hartnäckige Belagerer. Im Jahre 1712 trieben sie für immer die Schweden davon, nahmen die Herzogtümer in Besitz und verkauften sie schon nach drei Jahren für 600 000 Taler (und 277 000 Taler rückständige Steuern) an das Kurfürstentum Hannover, das sich mit diesem Deal einen Zugang zum Meer verschaffen wollte. »Trau keen Swed und trau keen Dän«, blieb als

geflügeltes Wort im Alten Land zurück. Was nicht gerade auf heiße Liebe schließen läßt.

Doch am tiefsten war zweifellos der Haß auf die französische Gewaltherrschaft, die den Beginn des 19. Jahrhunderts überschattete: Mehrmals fielen zwischen 1803 und 1807 die napoleonischen Truppen im Land ein. Als die gesamte Region im Jahre 1807 für sechs Jahre unter französische Verwaltung kam und zeitweilig auch von dem Bruder Napoleons regiert wurde, hatte man keinen »Bürgermeister« mehr, sondern einen »Maire«. Und der regierte keine »Gemeinde« sondern eine »Commune«.

Aber auch Napoleon erlitt bekanntlich sein Waterloo. Und noch einmal kam Stade unter die hannoversche Krone. 1866 landeten dann die Truppen Bismarcks in Twielenfleth, und das ganze Land ging im Königreich Preußen auf. Mit dem Untergang des Kaiserreiches zog dann auch hier die Demokratie ein.

Wie viele Männer in den beiden Weltkriegen gefallen sind, steht auf Tafeln und Gedenksteinen in den Kirchen geschrieben. Von den Bomben der Alliierten blieb das Alte Land weitgehend verschont. Dennoch brachte die Nachkriegszeit entscheidende Veränderungen. Ackerbau und Viehzucht wurden weitgehend aufgegeben, in nur wenigen Jahren wurde der Obstanbau zum beherrschenden Erwerbszweig im Land. Mit dem Bau des Elbdeichs nach der Sturmflut von 1962 verschwanden dann auch die kleinen, früher aus dem Gesamtbild nicht wegzudenkenden Häfen. Vorher schon hatte die Elbverschmutzung die Fischer zur Aufgabe ihres Berufes gezwungen. Auch heute steht wieder eine grundlegende Veränderung bevor. Diesmal heißt die Herausforderung Tourismus. Denn der Fremdenverkehr soll die Schwierigkeiten beim Absatz von Obst wettmachen. »Stoh fast, kiek wiet un rög di«: Flexibilität ist neben einem geradezu starren Konservatismus eine der hervorstechenden Eigenschaften der Menschen im Alten Land. Mit ihr werden sie vermutlich auch durch das nächste Jahrtausend kommen.

Von den Fremdenführerinnen in Tracht

Ein Bauer, der nicht stöhnt, ist kein richtiger Bauer. Und da macht auch das Alte Land keine Ausnahme. Oft sind die Äpfel zu klein, die Preise verfallen, der Frost zu früh und der Beginn der Ernte zu spät. Daß die Altländer dennoch die Probleme couragiert in die Hand nehmen, die sich aus der schwierigen Gesamtlage der Landwirtschaft ergeben, sieht man überall. Der Aufruf, der im Jahre 1993 von dem Landwirtschaftsminister an alle Bauern erging, sich andere Erwerbsquellen zu erschließen, wurde hier schon lange vorher gehört. Früh schon erkannte man, welcher Nutzen sich aus dem nahen Hamburg ziehen ließ. Und die Obststände an den Straßenrändern gehörten bald zum alltäglichen Bild. Daneben wurden Kutschwagen entmottet, alte Sitten wie das Boßeln wiederbelebt, ein Blütenfest ins Leben gerufen und selbst das eine oder andere Haus einmal geöffnet, was vermutlich am schwersten fiel. Listig hat man sich an alles Malerische erinnert, was man zu bieten hatte. Und dabei natürlich auch die Trachten wiederentdeckt, die unser Jahrhundert scheinbar für immer in die schweren Truhen auf den Dachböden verbannt hatte. Zutage kamen dabei durchaus kleidsame Gewänder, und bald schon gehörten die Bilder von den Mädchen in ihren weiten Röcken und Miedern und den Männern mit dem Zylinder auf dem Kopf überall dazu. Doch nicht nur das Städterherz schmolz dahin: Die Altländer selbst entdeckten sich im Althergebrachten neu. Und stiegen begeistert ein in die Nostalgie.

Daß es Frauen waren, die aus dem Blick zurück dann eine mittlerweile nicht mehr wegzudenkende Institution gemacht haben, spricht für den Erfindungsreichtum der Altländerinnen. Obstbäuerinnen waren es, die sich nicht allein in der Tracht fotografieren lassen wollten. Als sie sahen, daß die Zukunft fortan auch Tourismus hieß, entschlossen sich mehrere von ihnen zur Fremdenführung in Tracht. Ein genialer Schachzug: Denn nun paßte das alles auf wundersame Weise zusammen. Und es gab keine Kulisse, die durch die heimischen Gewänder nicht noch zu verschönern war. Geduldig unterwarfen sich die beteiligten Frauen einer präzisen Schulung in Sachen Kunst und Kultur. Und hatten bald auch ein eigenes Büro gegründet, wo man heute die Fremdenführerin im malerischen Outfit für Bus- und andere Gesellschaften mieten kann. Als Bestandteil des sommerlichen Tourismusangebots nimmt die Fremdenführung heute einen festen Platz im Angebot des Interessenverbandes Altes Land ein. Jeden Sonntag kann man vom Frühjahr bis in den Herbst hinein von einem anderen malerischen Punkt aus für zwei Stunden zum informativen Spaziergang starten. Die Lässigkeit, mit der die Frauen, die Röcke raffend, über die Deiche schreiten, bereitwillig auch einmal die Umhüllungen lüften, um »dat Zügs darunner« zu zeigen, macht sie zu begehrten Fotomodellen. Daß sie weitgehend ehrenamtlich tätig sind, liegt an der Einsicht, daß man ohne Werbung nicht nur weniger Obst verkauft, sondern auch einen solchen Bilderbuchlandstrich nicht an den Mann zu bringen vermag. Und so stülpen sie sich denn Sonntag für Sonntag die Haube wieder über, die früher so festgezurrt wurde, daß die Haare darunter immer mehr schwanden, werfen sich in ihren Golf oder Audi, um rechtzeitig zur Stelle zu sein. Und erscheinen auch dann in ihren weiten bunten Röcken, wenn der Wind einmal kalt aus dem Osten bläst.

Zu neuem Leben erweckt wurde die Tracht der Altländer Bauern.

Traditional costumes have been revived.

On a redonné vie aux costumes folkloriques.

Blick auf Blankenese von Cranz aus. Schon im Mittelalter waren die beiden Fischerdörfer durch einen regen Fährverkehr miteinander verbunden.

Blankenese seen from Cranz. Back in the Middle Ages there was a frequent ferry service linking the two fishing villages.

Vue sur Blankenese depuis Cranz. Déjà au moyen âge, les deux villages de pêcheurs étaient reliés par une navette fréquente.

Cranz, Königreich und Estebrügge

Fahrräder, Kinderwagen, Picknickkörbe: Die Fähre am Blankeneser Anleger gleicht einem Auswandererschiff. Und die knapp hundert Fahrgäste, die im maiwarmen Wind in Richtung Altes Land davonfahren, scheinen sich zu fühlen wie die Passagiere der Hamburg-Süd, die um die Jahrhundertwende die Elbmetropole in Richtung Amerika verließen. Das Tor zur Freiheit leuchtet weit: Durch das Estesperrwerk geht es auf Cranz zu, das mit Wiesen, Wasser, Weite empfängt und vom »Alten Fährhaus« jenes Duftgemisch aus gebratenen Schollen, frisch aufgebrühtem Kaffee und blumigem »4711« herübersendet, das zur Zeit der Blüte über dem ganzen Alten Land zu liegen scheint.

Blankenese und Cranz: Die beiden Schiffer- und Fischerdörfer haben mit einer bereits im 13. Jahrhundert bestehenden Fährverbindung ständig Kontakt miteinander gepflegt. Und nicht schlecht an dem Fluß verdient, der sie trennte. Dabei hatte das heutige Cranz bereits einen Vorgängerort: In alten Hamburger Rechnungen taucht im 13. und 14. Jahrhundert wiederholt ein Dorf namens »Urenfeth« auf, das dann vermutlich — da die Nennungen abrupt aufhören — in der Cäcilienflut von 1412 untergegangen ist. Wenig später ist von einem Ort »thom Krantze« die Rede, oder auch einfach nur von »Crantz«. Und auch der profitierte wieder davon, daß ganze Bataillone, Rinderherden und Getreideladungen über die Elbe gerudert werden mußten. Häufig kam es zum Streit zwischen den Schiffern aus Blankenese und denen aus Cranz: Jedes Dorf hatte seinen eigenen Linienverkehr. Und durfte sich nicht durch Mitnehmen von Warenladungen in die Befugnisse des anderen einmischen. Heute liegt der Fährbetrieb in den Händen der Hadag (Hamburger Dampfschiff-Gesellschaft), die allerdings ständig damit droht, ihn wegen Unrentabilität einzustellen.

War der Fährbetrieb die Lebensader zur Stadt Hamburg, so spann das Schiffereiwesen Fäden in die ganze Welt. Cranz galt jahrhundertelang als der wichtigste Hafen des Alten Landes, und Kutter, Ewer, Tjalks und Jollen hatten an den Kais festgemacht. 60 Schiffskapitäne gab es vor hundert Jahren noch, die von Cranz aus bis Kap Horn und in die Südsee fuhren. Mit dem Aufkommen der Dampfschiffe begann dann der Niedergang. Noch eine Zeitlang versuchten sich die Kleinreedereien in der Küstenschiffahrt, ehe eine nach der anderen aufgeben mußte. Auch die traditionell von Cranz aus betriebene Hochseefischerei florierte schließlich nicht mehr. Die große Elbabdeichung nahm dem Ort den Hafen. Die Elbverschmutzung den Fisch. Und wie überall im Alten Land wandte man sich dem Obstbau zu. Ein typisches Apfeldorf ist aus Cranz dennoch nicht geworden. Etwas Unbehaustes liegt über den Häuserzeilen. Und den Elbsegler trägt man hier immer noch lieber als jeden Hut.

Der Estedeich verbindet Cranz mit Estebrügge. Und schwer nur läßt sich ein reizvollerer Weg vorstellen als dieser Wasser-Wiesen-Weg, der hoch über den Obstplantagen auf der Deichkrone bis nach Estebrügge führt. Im Kaffeegarten von Gasthaus Hintze empfiehlt sich eine Rast: Wie von einem Impressionisten gemalt, stehen Tische und Stühle unter hohen Bäumen. Und Brautschleiern gleich senken sich die blühenden Zweige der Pflaumen und Kirschen herab. Selbst das Wasser ist zum Greifen nahe: In einer weiten Schleife umfließt die Este den Garten. Und wiederkäuend liegen fette Kühe am anderen Ufer im hohen Gras. Für ständige Abwechslung sorgt der Schiffsverkehr. Mit leisem Tuckern ziehen die Boote der Freizeitskipper vorbei. Behäbig stampft die altertümliche Barkasse »Plummslucker« auf Buxtehude zu.

Von Wegen und Wasserwegen

Durchweg, Minnerweg, Struckweg, Mühlenweg, Muddweg. Das Alte Land ist ein Labyrinth. Und wehe dem, der sich nicht auskennt. Denn natürlich hat das alles seine Ordnung. Und man kommt ja auch immer irgendwo an. Dennoch kann das auch darin bestehen, daß man weit hinter den Wettern im Nirwana landet. Umgeben von Tausenden von Apfelbäumen, die einem auch nicht weiterhelfen können, wenn man im Matsch steckengeblieben ist.

Der Matsch. Seit einem knappen Jahrtausend der Hauptfeind der Bauern. Und ebenso verbissen bekämpft wie die »Spreen«, hinter denen sich kirschensüchtige Stare verstecken. Eine einzige Schlammwüste war das Land in einer Zeit, als man noch keine Pflasterung kannte und sich nur die Deiche als leidlich feste Wege erwiesen. Denn an ihnen lief das Wasser noch am ehesten ab. Ansonsten hatte man nach langen Regenfällen nur dann eine Chance, sauber in der Kirche anzukommen, wenn man hoch zu Roß ritt. Weshalb sich vermögende Altländerinnen ja auch ein Pferd zur Hochzeit ausbedungen hatten. Dabei trugen auch die Pferde als Schutz gegen das Versinken im Modder so etwas wie Überschuhe: Hölzerne Platten wurden ihnen in besonders regenreichen Zeiten gnadenlos unter die Hufe geschraubt. Wer nicht die Chance hatte, sich auf dem Rücken eines Gauls über den Matsch zu erheben, für den gab es ganz normale Stelzen. Die nämlich band man sich unter die Schuhe, so daß man dem Kleiboden nicht ganz ausgeliefert war. Kinder waren schließlich so behende mit den Hilfsmitteln, daß sie darauf sogar Kriegen spielen konnten.

Angesichts solcher Verhältnisse wundert es nicht, daß Kanäle und Flüsse die eigentlichen Verkehrsadern darstellten. Auf ihnen spielte sich nahezu alles ab. Und Schwinge, Este und Lühe waren mindestens so belebt wie heute die Bundesstraßen. Denn nicht nur, daß nahezu der gesamte Transport auf ihnen erfolgte, auf dem Wasserweg brachte man auch die Toten zum Friedhof, und festlich gekleidet fuhr man mit dem Boot auf Visite oder nach Estebrügge zum Lottospiel. Daneben gab es eine Fülle kleiner und kleinster Entwässerungskanäle, die für die kurzen Wege genutzt wurden. Jedes Haus hatte seinen Steg. Und malerisch wie heute noch im Havelland muß damals das Alte Land gewesen sein.

Aber die Pflasterung kam, und bald wurde sogar behördlicherseits, wie in Königreich, das Befestigen eines Schulweges angeordnet. Ein Ereignis von weitreichender Bedeutung war die Anlage der Straße von Francop aus über Neuenfelde, Cranz, Jork, Mittelnkirchen, Steinkirchen, Grünendeich und Hollern nach Stade hin. Ein Weg, der heute als »Obstmarschenweg« zwar einen klangvollen Namen trägt, von ordentlichen Postbeamten als Adresse aber nicht anerkannt wird, da er eine touristische, aber keine amtliche Straße ist. Basta.

Bleiben die kleinen Wege, die heute, nach der Einführung des Grünen Planes, wie ein Aderngeflecht das Land durchziehen und den Radfahrern eine Fülle von Touren möglich machen. Nicht erst jetzt sind die Wege in den Plantagen für einen Volkssport entdeckt, den man früher vor allem bei Frost ausgeübt hat. Beim Boßeln kämpfen zwei Mannschaften darum, eine Kugel möglichst weit in Richtung Ziel zu schleudern. Wer nach einer gewissen Strecke als erster im Ziel ankommt, geht als Sieger hervor. Der Köm soll beim Boßeln keine unwesentliche Rolle spielen.

Einst waren die Flüsse die Hauptverkehrswege im Alten Land. Heute sind sie – wie hier die Lühe bei Mittelnkirchen – den Freizeitskippern letzte Oasen.

Formerly the rivers were the main traffic arteries in the Altes Land. Today – as here the Lühe by Mittelnkirchen – they provide the last refuge for hobby skippers.

Jadis les rivières étaient les voies de transport principales dans l'Altes Land. Aujourd'hui, elles sont les dernières oasis de la navigation de plaisance, comme ici la Lühe près de Mittelnkirchen.

Als der Schornstein an der Este rauchte

Was hat man entlang der Este doch für poetische Namen. Wer dem Deichweg folgt, kommt in den Ort »Königreich«, der dennoch nichts ist als ein Bauerndorf. Den »Königsweg« nannte man früher die Straße von Cranz nach Buxtehude, die als Heerstraße dem obersten Landesherrn unterstand. Und die dem Dorf dann als »Bereich am Königsweg« den poetischen Namen gab. Seine Boom-Zeit erlebte der Ort in der zweiten Hälfte des 19. Jahrhunderts, in der auch viele der heute so repräsentativ anmutenden Häuser entstanden sind. Dabei profitierte Königreich vom Unglück eines anderen. Denn als nach dem großen Brand in Hamburg im Jahre 1842 der Bedarf an Backsteinen kaum zu befriedigen war, entstanden in dem Dorf mit dem besonders schweren Kleiboden zahlreiche Ziegeleien. Und nicht weniger als 22 Betriebe arbeiteten bald fieberhaft an den Ufern der Este. Dabei stammten die Arbeiter, die das harte Gewerbe des Ziegelbrennens betrieben, nicht aus dem Alten Land. Aus der Gegend von Detmold kamen die »Lippscher« meist zu Fuß, um sich hier zu oftmals miserablen Bedingungen zu verdingen. Um die Jahrhundertwende war es nach dem Aufkommen industriell gefertigter Backsteine mit dem Altländer Ziegelwesen vorbei. Und ein Betrieb nach dem anderen riß seine »an Minarette erinnernden« Schornsteine ab.

Erbe einer reichen Zeit. In Königreich stehen viele Häuser, die von der einstigen Wohlhabenheit der Bauern künden.

Heritage of a wealthy age. Many houses in Königreich are proof of the former prosperity of the farmers.

Héritage d'une période prospère. A Königreich se trouvent de nombreuses maisons qui témoignent de l'aisance passée des paysans.

Wo die Gastlichkeit zu Hause ist: Estebrügge

Eine Brücke als Zentrum: In Estebrügge braucht man sich ja nur zu den alten Männern zu stellen, die den halben Tag lang über das Brückengeländer gelehnt auf die Este starren. Und schon erfährt man, was wichtig ist im Dorf. Erstaunlich schnell zieht hier das Wasser vorüber, bringt Blätter mit, einen halbverwelkten Blumenstrauß. Und ab und zu auch ein Schiff, für das dann die Brücke geöffnet wird.

Die erste Eintragung über die Existenz eines Ortes findet sich im Jahre 1200, als von einem Priester in Eschete die Rede ist. Im Jahre 1261 wird dann bereits ein Estebrügge erwähnt, woraus zu schließen ist, daß es zu diesem Zeitpunkt bereits einen Übergang über den Fluß gegeben haben muß. Bis zum Jahr 1873 blieb diese Brücke die einzige Möglichkeit, über das Wasser zu gelangen. Und das bescherte dem Ort ein durchaus einträgliches Geschäft. Um 1700 haben hier einer Aufstellung zufolge zwanzig verschiedene Berufsgruppen gearbeitet, dazu neun Bierbrauer und zehn Männer, die sich aufs Brennen von Branntwein verstanden. Hoch muß es beim winterlichen Lottospiel hergegangen sein, durch das der Ort eine gewisse verruchte Berühmtheit erlangte. Und noch zu Beginn des 20. Jahrhunderts hat es in Estebrügge nicht weniger als 12 Gasthäuser gegeben. Auch heute ist der Ort wegen seiner Geselligkeit geschätzt: Und der Herbstmarkt ist nicht nur wegen seines Aalknobelns beliebt. Einen Brückenwirt allerdings wird man vergeblich suchen. Das prachtvolle Gebäude, das einst das Gasthaus »Preetzen-Harms« beherbergte und noch in den 60er Jahren eine Schankwirtschaft war, ist heute privat bewohnt. Und nur die Rokokotür in dem 1773 erbauten Haus kündet vom einstigen Leben an der Brücke.

Wenn die Kirche den Himmel auf die Erde holt

Hie Brücke – da Kirche. In die Schwedenzeit fällt der Neubau der Estebrügger Kirche, der nötig wurde, »derweil die alte eingefallen war«. Mit einem geradezu phantastischen Gemeinsinn hatte man das Geld dafür aufgetrieben. Und clever wie Börsenmakler hatten die Kirchenvorsteher die Bankplätze im voraus als eine Art Aktie verkauft. Schließlich wollte man ja keine bescheidene Kirche haben. Der achteckige Bau, der sich schließlich auf einer ehemaligen Friedhofswurt erhob, war prachtvoller bäuerlicher Barock. Auch im Inneren setzte sich die Lust am üppigen Dekor mit einem zum Sternenhimmel ausgemalten Tonnengewölbe fort. Und wie ein Kunstwerk ragt die von Arp Schnitger aufgestellte Orgel auf, von der der Meister selber sagte, »daß dies eine herrliche Orgel sei, wie man sie in vielen Städten nicht findet«. Leichtigkeit verströmt eine geschnitzte Wendeltreppe, die über zwei Stockwerke zum Sitz des Organisten emporführt.

Im Mittelgang fallen pausbäckige Engel auf, denen die Nasen fehlen. Ein übermütiger Schwede soll sie mit gezielten Säbelhieben abgehauen haben. Vielleicht war aber auch nur die falsche Behandlung des Holzes schuld an der Massenblessur. Ein Kuriosum auch der Kirchturm: Um 36 Grad hat sich das schindelgedeckte Dach in Sonnenrichtung verdreht, was natürlich dazu führte, daß man schnell den Teufel als Drahtzieher ausmachte. Dabei war es vermutlich der zu weiche Untergrund, der von dem aus Königreich stammenden Zimmermann nicht ausreichend berücksichtigt worden war. Der arme Mann hatte sich ohnehin bei der Kalkulation seines Bauwerks so sehr zu seinen Ungunsten verrechnet, daß er später in Schuldhaft genommen wurde. Und seinen heute so südlich wirkenden Turm mit Sicherheit verflucht hat.

Die Estebrügger Kirche überrascht durch einen verdrehten Turm. Nicht Absicht war es, sondern ein technischer Fehler, der die Kuriosität entstehen ließ.

The church at Estebrügge with its skewed tower is a curiosity not intentional, but the result of a technical error.

L'église d'Estebrügge surprend par son clocher tordu, une curiosité produite non par intention, mais par une erreur technique.

Ein klerikaler Festsaal: Das Innere der St.-Martini-Kirche in Estebrügge ist mit Barockschnitzereien an Emporen und Bänken geschmückt.

A "jewel" of a church hall: The interior of St. Martini Church in Estebrügge is embellished with Baroque carvings on galleries and benches.

Une salle de festivités cléricale: l'intérieur de l'église St Martini à Estebrügge est orné de sculptures baroques aux tribunes et aux bancs.

Kein Herrenhaus in den Herzogtümern Bremen und Verden war prächtiger als die Esteburg. Eine schmale Brücke führt heute auf die nur noch in Teilen erhaltene Landresidenz zu.

No manor house in the duchies of Bremen or Verden was more magnificent than the Esteburg. Today a narrow bridge leads to the country house, only parts of which have survived.

Aucune gentilhommière des duchés de Brême et de Verden n'était plus prestigieuse que l'Esteburg. De nos jours, un pont étroit mène à la résidence de campagne préservée seulement en partie.

Die Medicis des Alten Landes

Um zur Esteburg zu kommen, wo die Grafen von Schulte durch beinahe drei Jahrhunderte hindurch residiert haben, muß man wieder die Brücke überqueren und dann den Schildern in Richtung Obstbauversuchsanstalt folgen. Ein Steg, Blättergeriesel. Und man steht vor dem ehemaligen Herrenhaus.

Als Wasserburg erbaut, muß die Esteburg einmal der prachtvollste Adelssitz in den Herzogtümern Bremen und Verden gewesen sein. Und sogar einen geheimen Fluchtweg zur Este soll es gegeben haben. Die Kosten waren schließlich so hoch, daß der Erbauer alle Rechnungen verbrannt hat, »damit die Nachkommen nicht sehen möchten, wie groß Geld daran verschwendet worden war«. Auch die Wirtschaftsgebäude zeugten von herrschaftlichem Stil: Der Dielenraum in dem drei-schiffigen Ständerhaus des »Vorwerks« hatte solche Ausmaße, daß 12 hochbeladene Erntewagen darin Platz fanden. Nach einem Brand wurde die Prachtscheune durch einen modernen Zweckbau ersetzt. Die Obstbau-versuchsanstalt hat heute hier ihren Sitz.

Zurück in Estebrügge – wieder über die Brücke, versteht sich –, und man passiert den Lebensmittella-den Blohn, der aus alter Gewohnheit auch am Sonntag geöffnet ist, »weil man früher auch an diesem Tag die Sahne meierfrisch verkauft hat«. Wer vom Laden aus auf die Straße tritt, sieht sich einem Estebrügger gegen-über, der – in Bronze gegossen – seinen dauerhaften Platz gefunden hat. Geduldig hat ein 84jähriger Schiffer dem Altländer Künstler Carsten Eggers Modell geses-sen und dabei genau jene Mischung aus Miß- und Gleichmut an den Tag gelegt, mit dem auch die meisten anderen Männer hier den Deich entlangblicken.

Einkehren im Paradies

Der Deich von Estebrügge erhebt sich nur wenig über der Straße und windet sich, von Linden bestanden, fast schwerfällig durch den Ort. Reizvoll ist es, von hier aus in die Wohnstuben zu blicken. Im Juni liegt der süß-liche Duft blühender Linden in der Luft. Auf dem Deich erhebt sich, mit Schnitzereien verziert, der Este-hof, der schon im 17. Jahrhundert als Gasthof nachge-wiesen ist und heute zweifellos die originellste Adresse zwischen Schwinge und Süderelbe darstellt. Denn was Werner Miehe an Antiquitäten, Kitsch und bäuerlichem Zierat zusammengetragen hat, ist von einer solchen Fülle, daß mancher vor Staunen beinahe das Essen ver-gißt.

Tips

Sehenswürdigkeiten

Cranz
Fähranleger mit Altem Fährhaus, Estedeich 94

Königreich-Moorende
Räucherei Hauschild (Katenrauch-Spezialitäten). Interessantes Gebäude aus dem Jahre 1929, im Stil des Ziegelexpressionismus errichtet

Estebrügge
St. Martini
1700 erbaut, barocke Innenausstattung, Taufe Mitte des 14. Jahrhunderts, Kruzifix von 1460, Orgel von Arp Schnitger aufge-baut, Gehäuse und Prospektprinzipale erhalten, geschnitzte Spindel-holztreppe von 1702

Brücke mit Brückenwärterhaus
1331 erstmals erwähnt. Bis 1983 noch manuell betrieben, heute hydraulisch zu verschwenken.

Esteburg (beim Esteburgring)
1609 von Diederich von Schulte erbaute Wasserburg. Portal mit Sand-steinfiguren geschmückt (Privatbesitz). Auf dem Gelände: Obstbauver-suchsanstalt Jork. Besichtigung nach vorheriger Absprache möglich, Telefon 04262/60160.

Gasthaus-Tips

Königreich
Gasthaus Hintze,
Estedeich 106. Malerischer Garten am Ufer der Este gelegen.

Hove
Zum goldenen Adler
Der Kaffeegarten, am Rande einer Obstplantage gelegen, ist vor allem zur Zeit der Baumblüte und während der Erntezeit reizvoll.

Estebrügge
Estehof
300 Jahre alter Gasthof mit verfeinerter regionaler Küche. Intimer Gar-ten. Eigener Fähranleger macht die Ankunft mit dem eigenen Boot möglich.

Die schönste Wanderung

Vom Fähranleger Cranz aus bis zur Brücke Hove-Königreich und zurück. Der Weg führt auf dem Lühedeich entlang. Im Mai Blick auf die blühenden Bäume in den Plantagen.

Wassertour

Estebrügge ist der Heimathafen der Barkasse »Plumslucker«. In der Sai-son werden von Neuenfelde und Cranz aus romantische Estefahrten bis Buxtehude angeboten. Rückkehr mit dem Planwagen. Charterfahrten aller Art.
Auskünfte: Hein Mehrkens, Telefon 04162/8615, oder in den Touristenbüros.
Planwagenfahrten bei: Erich Schliecker, Poststraße 7, Estebrügge, Telefon 0461/7803

Feste

Estebrügger Herbstmarkt (früher Vieh- und Krammarkt) mit Aal-nobeln und Schubkarrenrennen über den Deich.

Geheimtips

Hove
Beim Brückenwart kann man handgefertigtes Holzspielzeug kaufen.

An den Sonntagen werden auf dem Estedeich bei Cranz nicht nur Äpfel und Birnen verkauft. Man bekommt auch exzellente Marmela-den.

Wo man wohnen kann

Ferienwohnungen in moderner Anlage (1989 erbaut) bietet Margrit Behrens in Königreich an. Viele Extras. Garten mit Liegewiese hinter dem Haus.
Obstmarschenweg 12 a. Telefon 04162/7151.

Willkommen im Estehof: Während Fasanen und Hasen im Innenhof aufgehängt sind, wartet die Wirtsstube auf Gäste. Ein Altländer Stuhl aus dem 19. Jahrhundert ist eine der Sehenswürdigkeiten in dem 300 Jahre alten Gasthof.

Welcome in the Estehof. Pheasants and hares hang in the inner courtyard waiting to be served to guests in the dining room. A 19th century Altes Land chair is one of the sights in this 300-year-old inn.

Bienvenue à l'auberge Estehof: dans la cour intérieure, les faisans et les lièvres sont déjà pendus et dans la salle de l'auberge, on attend les hôtes. Une chaise typique de l'Altes Land datée du 19ème siècle constitue l'une des curiosités de cette auberge existant depuis 300 ans.

Speisen wie im Museum: Im »Herbstprinz« in Jork kocht man nicht nur gut. Hier kann man auch Einblick nehmen in Altländer Küchentraditionen.

Dining as if in a museum. The cuisine of the "Herbstprinz" in Jork is not just excellent but also offers an insight into Altes Land culinary tradition.

Manger comme dans un musée: dans le restaurant Herbstprinz à Jork, on peut se régaler et aussi faire connaissance des traditions culinaires de l'Altes Land.

Auf der Suche nach Lukull
Die Altländer Küche

Rosinen, Graupen, Butter und mindestens ein Pfund Fleisch pro Person: Die Altländer Hochzeitssuppe treibt dem einen den Angstschweiß auf die Stirn, dem anderen läßt allein der Gedanke daran das Wasser im Munde zusammenlaufen.

Wer über die Küche im Alten Land schreibt, begibt sich auf schwieriges Terrain. Lukull wurde nun einmal nicht im Apfelland geboren. Und spöttische Aperçus über Mischgemüse, dicke Saucen und langweiliges Brateneinerlei gehören fast zum guten Ton. Dennoch kennt man hier, wo man das »stah fast« zum Lebensprinzip gemacht hat, eine Menge deftiger Gerichte, die wie die »Aalsuppe« oder die »Birnen, Bohnen und Speck« den Gleichklang zwischen den beiden Welten süß und sauer herzustellen versuchen. Die »Gefüllten Schweinerippen«, die wie die »Gefüllte Gans« mit Äpfeln, Pflaumen und zerstoßenem Zwieback angereichert werden, beziehen ebenso den Obstgarten in die Essenszubereitung ein wie der »Schweinskopf ohne Backe«, der mit Rhabarberkompott serviert wird. Zahlreich sind die Gerichte, für die Schinken und Speck die Basis liefern. Der »Instibbers« ist eine würzige Suppe, die mit Klößen angereichert wird. Das »Schinken-Begräbnis« dagegen entpuppt sich als deftiger Kartoffelauflauf, dem reichlich Eier und Sahne nicht schaden. Ohne Schweinebacke kein Grünkohl: Im Alten Land besteht man nach wie vor darauf, daß er erst nach dem ersten Frost gegessen und mit Hafergrütze angedickt wird. Bei den »Steckrüben op Ollaner Oort« liefern »fief Pund dicke Rippen« die Würze. Da dieses Gericht aufgewärmt am besten schmeckt, wird es gleich für zwei Tage gekocht.

Vielfältig sind die Süßspeisen, bei denen man sich ebenfalls des Obstes bedient: Ob »Kirschsuppe« oder »Morellen-Pfannkuchen«, der Fruchtpudding »Errötendes Mädchen« oder die »Birnen süß-sauer«: Im Gegensatz zu den Zeiten, als ein Stader Pfarrer den Altländern die Segnungen des Apfelkompottes erst nahebringen mußte, hat man heute das Obst als gesunde Zutat entdeckt. Und serviert auch einmal ein Kalbskotelett mit Apfelsauce. Längst gehört auch Altländer »Calvados« als Abschluß eines guten Essens dazu. In Guderhandviertel destilliert, wird er heute in vielen Restaurants als Digestif angeboten.

Dennoch bleibt die Krönung aller Altländer Gaumenfreuden der Butterkuchen. Ob gefüllt oder ungefüllt: Immer schmeckt er am besten, wenn er warm vom Blech gegessen wird.

Altländer Hochzeitssuppe

(für 50 Personen)
50 Pfund Suppenfleisch, 5 Pfund Butter, 1 Pfund Mehl, 1/2 Pfund Graupen, 12 Eigelb, 2 Sellerie, 4 Stangen Porree, 1 Bund Petersilienwurzeln, Muskatblüte, Ingwer und Salz, 3 Pfund Rosinen

Das Fleisch bei kleiner Hitze drei Stunden lang kochen lassen, das kleingeschnittene Suppengemüse mit den Graupen 20 Minuten mitgaren, danach die Brühe durch ein Sieb geben und das Fleisch, in Portionen geschnitten, warm stellen. Mehl in zerlassener Butter andünsten und mit der Brühe aufkochen lassen. Erst danach wird das verquirlte Eigelb hinzugefügt, die Suppe mit Salz, Ingwer, Muskat und Pfeffer gewürzt und zu dem Fleisch und dem Gemüse gegossen. Rosinen und Brot werden als Beilagen separat gereicht.

Jork und Borstel

Auch die Bauernhöfe paßten sich dem veränderten Stilempfinden an. Dieses Haus in Jork versah man um die Jahrhundertwende mit einem spätklassizistischen Eingang.

The farmhouses, too, adopted changed stylish influences. At the turn of the century this house in Jork was fitted with a late classicist entrance.

Les fermes, elles aussi, se sont adaptées aux changements de style. Au début du siècle, on pourvut cette maison de Jork d'une entrée relevant du classicisme tardif.

Jork, die Residenzstadt des Alten Landes? Beinahe herrisch ragt der Gräfenhof auf. Und wie ländliche Kavaliershäuser bauen sich die Fachwerkhöfe in Oster- und Westerjork hintereinander auf. Als das schönste Dorf Norddeutschlands ist Jork oft bezeichnet worden, aber da gab es auch noch die alte gepflasterte Hauptstraße mit Fleet, unordentlichen Linden und einer nahezu vollständig erhaltenen Bauernhausfront. Heute klaffen hier erhebliche Lücken: Der Neubau der »Altländer Sparkasse« protzt als moderner Bankpalast, und die Linden hat man dem unaufhörlich fließenden Verkehr geopfert. Dennoch haftet Jork immer noch etwas Nobles an. Nicht ohne sichtbare Spuren hat es als wichtigstes Verwaltungszentrum des Alten Landes ja auch jahrhundertelang die Geschicke der Menschen gelenkt.

Wann Jork gegründet worden ist, läßt sich nur vermuten. Urkundlich erwähnt wurde es erstmals im Jahre 1220, als von einem Kirchspiel Mayorica die Rede ist. Von besonderer Bedeutung muß das Geschlecht der Herren von Jork gewesen sein, die später nach Mecklenburg ausgewandert sind. Seit dem 16. Jahrhundert war der Herrenhof dann Sitz eines Gräfen, der als ein vom Landesherrn eingesetzter Beamter die Steuereinnahme, die Rechtsprechung, die Deichaufsicht und die Befehligung der Landespolizei wahrnahm. Mit dem Beginn der Schwedenzeit wurde dieses Amt mit Matthäus von Haren neu besetzt, der sich im Jahre 1649 umgehend daranmachte, einen stattlichen Prunkbau mit zweistöckigem Querhaus und eingefügten Wirtschaftsgebäuden zu errichten. Das am ländlichen Baustil orientierte Herrenhaus fügte sich hervorragend in die umliegenden Häuserzeilen ein. Bis zum Jahre 1971 war der Gräfenhof im Besitz verschiedener Altländer Familien, die ihn allerdings nicht vor dem langsamen Verfall bewahren konnten. Mit Mut zur Mixtur hat die Jorker Gemeinde schließlich das Gebäude saniert, ihm einen Langhausgiebel aus einem Westerjorker Bauernhaus eingesetzt und als besonderen Schmuck eine Brauttür beigegeben.

Wie Jork und Lessing zueinanderfanden

»Ich weiß nicht einmal, wo dieses Jork liegt, und ob ich über den Zollenspieker muß«, schrieb Lessing ratlos, als ihm die Lokalität für seine Trauung mit Eva König bekannt gegeben wurde. Denn wenn er auch schon in Hamburg gelebt hatte: Das Alte Land war ihm so fremd wie den meisten Hamburgern, die es irgendwo weit hinten im Ausland vermuteten. Zudem plagten ihn noch andere Zweifel: Nur widerstrebend hatte er sich zu einer dauerhaften Bindung mit der Witwe eines hanseatischen Seidenfabrikanten bereit erklärt. Nicht weil es ihm an Zuneigung mangelte, sondern schlichtweg am Geld. Schließlich aber willigte der Dichter doch ein, sich auf dem Sommersitz des mit Eva König befreundeten Hamburger Kaufmanns Johann Schuback in Jork trauen zu lassen. Auch wenn er – wie gesagt – gar nicht wußte, wo dieses Jork eigentlich lag.

Seine düsteren Ahnungen über einen eher unbehausten Ort bestätigten sich: Kaum angekommen, soll er mitsamt seinem Festanzug in einen der vielen Entwässerungsgräben gefallen sein. Was ihn in eine solche Wut versetzte, daß er am liebsten sofort wieder abgereist wäre. Aber da hatte das Schicksal schon seinen Lauf genommen, und die »Copulation ist von dem Herrn Pastor Webber zu Borstel in des Kaufmanns Johann Schubacks Haus in der hiesigen Bürgerschaft verrichtet worden«. Über die anschließenden Feierlichkeiten ist nichts bekannt. Vermutlich wird Lessing seine in einem Brief an Eva König kundgetane Ankündigung wahrgemacht haben, »daß man sich nach geschehener Verbindung so kurz als möglich aufzuhalten« gedenke und mitsamt Braut und lädiertem Anzug bald abgereist sein. Jork und Lessing drifteten auseinander und haben einander nie wieder gesehen. Auch in seinen Werken taucht der Ort nicht auf. Nur der tragische Ausgang seiner Ehe findet in seinem Briefen Niederschlag.

Denn die in Jork geschlossene Ehe dauerte nur ein gutes Jahr. Der Sohn, der im Dezember 1777 zur Welt kam, erwies sich als nicht lebensfähig. Nur wenige Stunden nach der Geburt verstarb er. Und Lessing schreibt seine Trauer in einen Brief an seinen Freund Eschenburg nieder, nicht ohne sich mit bitterem Sarkasmus zu wappnen: »Ich verlor ihn so ungern diesen Sohn! Denn er hatte soviel Verstand! – Glauben Sie nicht, daß die wenigen Stunden meiner Vaterschaft mich auch schon zu so einem Affen gemacht haben. – War es nicht Verstand, daß man ihn mit eisernen Zangen auf die Welt ziehen mußte? War es nicht Verstand, daß er die erste Gelegenheit ergriff, sich wieder davon zu machen?« Und dann der Satz: »Ich wollte es auch einmal so gut haben, wie andere Menschen. Aber es ist mir schlecht bekommen.«

Denn auch seine Frau verlor er mit dem Sohn. Ein paar Tage nach der Geburt starb sie im Wochenbett. Und wieder schiebt Lessing Zynismus vor seine Trauer, als er demselben Freund mitteilt »Meine Frau ist tot, und diese Erfahrung habe ich nun auch gemacht. Ich freue mich, daß mir dergleichen Erfahrungen nicht mehr übrig sein können...«

Die Bürger von Jork erinnern sich noch heute gern an Lessing. Hundertfach kolportiert wurde die Geschichte von dem in den Bach gefallenen Dichter. Ein Gedenkstein, vor der Altländer Sparkasse aufgestellt, erinnert an die Heirat in der Bürgerei.

Zur Zeit Lessings das gewohnte Bild: Am Rande von Jork finden sich auch heute noch Wege, die von Hochstammbäumen gesäumt sind.

A picture familiar in Lessing's times: on the outskirts of Jork there are still today country lanes flanked by standard (high-stem) trees.

La vue habituelle à l'époque de Lessing: aux environs de Jork, on trouve aujourd'hui encore des chemins bordés d'arbres à hautes tiges.

Stille Tage in der »Bürgerei«

Besonders reizvoll ist die Fassade zum Fleet hin. Denn noch immer führt hier eine Treppe zum Wasser hinab. Immer war das Fleet, eigentlich der kleine Fluß Zester, der, von der Geest herkommend, der Elbe zustrebt, die Lebensader von Jork. Waren wurden darauf hin- und hergerudert. Und auch das Mehl aus der Borsteler Mühle kam über den Wasserweg ins Dorf.

Gleich hinter der Kreuzung, auf der sich heute der Obstmarschenweg und die Straße von Borstel nach Ladekop treffen, hatten die Höker ihren Sitz. Und auch heute noch findet man hier die meisten Geschäfte. Unter Denkmalschutz hat man »Sievers Gasthof« gestellt, in dem schon seit dem 17. Jahrhundert Gäste beherbergt werden. Und wo man heute in einer gemütlichen Gaststube vorzüglich speisen kann.

»Ich tu das Handwerk loben, hierher ward ich verschoben, wohl nicht nach aller Wille, nun aber steh ich stille«, liest man am Portauschen Haus, das Sievers Hotel gegenüberliegt. Wie der Gräfenhof ist auch dieses Haus ein Zeugnis für frühzeitigen Denkmalschutz.

Denn als es 1932 einer notwendigen Verbreiterung der Straße zum Opfer fallen sollte, hat es ein Bauunternehmer kurzerhand auf Räder gesetzt und an seinem jetzigen Standort wieder verankert. Heute fügt es sich harmonisch in das Ensemble der »Bürgerei« ein und ist als Sitz der von einer engagierten Bibliothekarin geführten Bücherei eines der Zentren von Jork.

Eine Kirche wie ein Rathaus

Daß auch die Kirche ihre dominierende Rolle nicht ganz aufgegeben hat, spürt man, wenn die Sterbeglocke ihren Einsamkeit verströmenden Klang wieder einmal über die Dächer legt. Langsam zieht ein langer Trauerzug aus der Kirche heraus, und mehr als hundert Menschen folgen dem Sarg. In Jork haben die Toten Vorfahrt: Jeder Verkehr ruht, solange sich die Menschen zum etwas abseits liegenden Friedhof bewegen. Die Kirche selbst überrascht durch ihre großzügige Anlage, an ein hansisches Rathaus erinnert der stattliche Backsteinbau.

Einst der Sitz des obersten Verwaltungsbeamten im Alten Land, heute Rathaus von Jork: der Gräfenhof.

Once the seat of the senior civil servant in the Altes Land; today the Jork town hall – the Gräfenhof.

Jadis le siège du suprême fonctionnaire de l'administration de l'Altes Land, de nos jours la mairie de Jork. La maison Graefenhof.

Äpfel in der Hand von Wissenschaftlern

Jork, das Herz des Alten Landes? Für den Obstbau schlägt es nirgends vehementer als hier, wo die Obstbauversuchsanstalt ihren Sitz hat. Bereits 1929 hatten sich einzelne Bauern zu einem Beratungsring zusammengeschlossen, um Erfahrungen auszutauschen. 1935 wurde dann die Versuchsanstalt als wissenschaftliches Forschungsinstitut gegründet. Heute werden hier genaue Untersuchungen über Wachstumseigenschaften, Krankheiten oder Klimaverträglichkeit angestellt. Und längst ist die OVA das geheime Gehirn des Altländer Apfelanbaus. Auf der Esteburg ist daneben ein praktischer Betrieb eingerichtet, der den jungen Obstbauern als Lehrbetrieb zur Verfügung steht.

Über den Umgang mit dem Apfel und andere Besonderheiten der Region erfährt man viel, wenn man das Museum in Westerjork 49 aufsucht. Als wolle man sich für den schräg gegenüberliegenden Sparkassenbau entschuldigen, hat man das alte Kohlmeiersche Haus mit einer solchen Liebe restauriert, daß es beinahe das Rathaus in den Schatten stellt. Die Ausstellungsgegenstände hatte man seit langem zusammengetragen, so daß neben altem Hausrat auch so prachtvolle Stücke wie ein reich verzierter Pferdeschlitten oder ein Prunkwagen, mit dem man einst zur Hochzeit fuhr, gezeigt werden.

Gegenüber vom Museum gibt es dann ein Stück gelebter Tradition. Auf einem Obsthof kann man in einer ehemaligen Scheune alles kaufen, was man mit dem Begriff Altes Land verbindet. Und während man von einem Duftgemisch aus Äpfeln, geräucherten Würsten und Butterkuchen umgeben ist, bekommt man auch noch ein paar handfeste Sprüche mit auf den Weg, wenn man sich jetzt in Richtung Borstel davonmacht.

Die wichtigsten Apfelsorten:

Gloster
Eine Züchtung, die 1969 auf den Markt kam. Kreuzung zwischen Glockenapfel und Delicious. Gehört zu den meistangebauten Sorten im Alten Land. Auf Grund seiner guten Lagerfähigkeit typischer Weihnachts- und Winterapfel.

Boskoop
Wurde 1856 im niederländischen Boskoop entdeckt. Einer der Alterspräsidenten unter den heute beliebten Apfelsorten. Hoher Vitamin-C-Gehalt, herbsäuerlich im Geschmack. Nach Lagerung mürbe.

Cox Orange
1825 von Richard Cox (England) entdeckt und 1850 auf den Markt gebracht. Über die gesamte Welt verbreitet. Süßfruchtig im Geschmack.

Holsteiner Cox
1920 in Schleswig-Holstein gezüchtet. Saftig, würzig, fruchtig. Markante gelbe Farbe. Sonnenseits orangerot überhaucht.

Jonagold:
Kreuzung aus Jonathan und Golden Delicious, im Jahr 1943 in den USA entstanden. Beim Verbraucher beliebt wegen seines milden Aromas und seines ausgewogenen Zuckersäuregehaltes. Guter Tafelapfel. Hervorragend geeignet für Kuchen und Kompott.

Golden Delicious
Weltweit der meistgegessene Apfel. Bei uns deutlich auf dem Rückzug. 1890 wurde der süßaromatische Apfel in einem Hausgarten in West-Virginia/USA entdeckt. Seit 1914 im Handel.

Ingrid Marie:
1936 auf Fünen gefunden. Wegen der roten Farbe als Weihnachtsapfel geschätzt. Hervorragende Lagerfähigkeit auf Grund einer wachsigen Schale. Mildsäuerlich im Geschmack.

Elstar:
Eine holländische Kreuzung aus »Golden Delicious« und »Ingrid Marie«. Seit 1972 bei uns auf dem Markt. Kräftig im Geschmack. Farblich auffallend durch seine rotgelbe Färbung.

Jamba
1954 von der Obstbauversuchsanstalt in Jork auf den Markt gebracht. Knackig, fest und säuerlich im Geschmack. Als Bratapfel besonders geeignet.

James Grieve
Schottische Züchtung von James Grieve aus Edinburgh. Seit 1880 verbreitet. Süßfruchtiger Geschmack. Das Fruchtfleisch ist weniger hart als beim Jamba.

Kleiner Baum mit großer Wirkung.
In Reih und Glied wachsen die Altländer Äpfel in den Plantagen.

The famous Altes Land apples grow on trees in long rows.

Les célèbres pommiers de l'Altes Land sont plantés en longues rangées.

Ein Schotte als Vater des James Grieve

»Wenn ich wüßte, daß morgen die Welt unterginge«, so der heimliche Obstbauer Martin Luther, »würde ich heute noch ein Apfelbäumchen pflanzen.« Auf lange Sicht plante auch der alte Herr von Ribbeck auf Ribbeck im Havelland. Mit Hilfe einer Birne, die er sich als Grabbeigabe ausbedingte, überlistete er seine ganze geizige Brut. Und sorgte dafür, daß auch die kommenden Generationen vom reichen Früchtesegen profitieren.

Apfelbäume, Birnbäume. Im Alten Land ist der Gedanke an die Ewigkeit längst dahin. Stand früher ein Baum bis zu 70 Jahren sicher im fruchtbaren Grund, so tut er heute selten länger als 10 Jahre seinen Dienst. Nicht weniger als eine Million Bäume müssen folglich Jahr für Jahr neu gepflanzt werden. Dabei kosten allein der Holzpfahl, an dem er abgebunden wird, und der Draht, der ihn vor dem Verbiß durch Rehe und Hasen schützen soll, pro Baum schon 15 Mark. Daneben geht jeder Obstbauer ein Risiko bei der Wahl der Sorten ein: Wetterwendisch und schwer vorausschaubar ist der Verbrauchergeschmack. Nur fünf oder sechs der bekannten Sorten liegen voll im Trend. Die anderen werden nur wenig gekauft und landen schnell im Abseits. Wie der Horneburger Pfannkuchenapfel, der früher auf keinem Obsthof fehlte und heute kaum noch angebaut wird. Denn andere Sorten sind an seine Stelle getreten.

Nicht irritieren lassen sollte man sich von den beinahe synthetisch klingenden Namen der Neuzüchtungen wie Jamba oder Gloster. Die Ökologie hat längst Einzug gehalten auf den Apfelhöfen. Und das Altländer Obst gilt als das gesündeste der Welt. Seit längerer Zeit hat man sich hier nach den Sündenfällen in den 60er Jahren dem »integrierten Obstbau« verschrieben. Auf nützlingsvernichtende Pflanzenschutzmittel wird dabei ebenso verzichtet wie auf sogenannte »Wachstumsregularen«. Dieser pflegliche Umgang mit den Bäumen kommt auch den wichtigsten Helfern der Obstbauern zugute: Millionen von Bienen, die im Mai meist aus der Heide als »Gastarbeiter« angekarrt werden, können in den Plantagen ohne jegliche Gefährdung herumschwirren. Den Nektar, den sie aus den Blüten saugen, nehmen sie als Lohn für ihre Arbeit dann mit in den Bienenstock.

Auf Mißtrauen stößt immer noch die Lagerung des Obstes in den sogenannten »CA-Lagern«, die als Gaslager zeitweilig in Mißkredit geraten waren. Völlig zu Unrecht, wie immer wieder dargelegt wird. Schließlich handelt es sich bei dieser Form des Konservierens um einen natürlichen Vorgang: Durch die Senkung des Sauerstoffgehaltes und die gleichzeitige Erhöhung des Anteils an Kohlendioxyd in der Lagerluft wird die Atmung des Apfels verlangsamt und der Stoffwechselprozeß reduziert. Noch Monate nach der Ernte kann man mit Hilfe dieser Methode Äpfel ohne Einbußen der Frischqualität anbieten.

Wie sehr die Bemühungen der Obstbauern um mehr Ökologie gerade bei den Norddeutschen ankommen, beweisen die Verbraucherzahlen. Nirgendwo in Deutschland werden mehr Äpfel gegessen als in Hamburg, Schleswig-Holstein und Niedersachsen. Und immer noch gilt der Satz: »An apple a day keeps the doctor away.«

Die Pflückerschürze gehört zur Apfelernte wie die Kiepe zur Weinlese. In Kisten verpackt werden die Äpfel auf die Höfe gefahren.

The picker's apron is a much a part of the apple harvest as the basket is for grapes. Packed in crates, the apples are transported to the farmhouses.

Le tablier du cueilleur est indispensable à la cueillette des pommes comme la hotte au vendangeur. Une fois mises en caisses, les pommes sont transportées aux fermes.

Statt Palazzi Fachwerkhäuser in Reih und Glied: Die Straßenzeile an der »Kleinen Seite« in Borstel hat dem Ort den Ehrentitel »Venedig des Alten Landes« eingetragen.

Instead of palatial mansions, a row of half-timbered houses. This string of houses on the "Small Side" (Kleine Seite, cf. Prague) in Borstel has earned the place the sobriquet of "Venice of the Altes Land".

Des maisons à colombage en rangs au lieu de palais: cette rangée de maisons dans le quartier Kleine Seite a conféré à Borstel le titre d'honneur de »Venise de l'Altes Land«.

Der »Canale Grande« ist ein Fleet

Borstel spielt seine Rolle als »Venedig des Alten Landes« nicht schlecht. Auch wenn der »Canale Grande« ein Fleet ist. Und statt einer Zypresse ein Birnbaum seine Zweige ins Wasser hängen läßt. Wer an einem warmen Herbsttag durch Borstel geht, hat die Fachwerkhäuser mit ihrem weißen Balkenwerk gleich zweimal vor Augen. Zitternd spiegeln sich die Fassaden im Wasser und rechtfertigen als verschwimmende Vexierbilder den etwas gewagten Vergleich mit der Lagunenstadt. Auch Prag steht Pate: Aber anders als in der tschechischen Hauptstadt hat man in Borstel den Begriff »Kleinseite« für ein Viertel reserviert, das sich abgrenzt von der »vornehmeren« anderen »Großen Seite«, auf dem der »Wehrtsche Hof« für Nobilität gesorgt hat.

Von der ruhmreichen Vergangenheit des Hauses ist allerdings nicht mehr allzuviel zu spüren, wenn man das Gebäude betritt. Kälte schlägt dem Besucher entgegen, und auch die kostbaren Schnitzereien über den Türen vermögen die alte Leichtigkeit nicht wieder herzustellen. Als besonderes Kunstwerk windet sich eine barocke geschnitzte Wendeltreppe empor, bei der die Vielfalt von Figuren, Blättern und Blüten einen gehobenen Wohnstil verrät.

Der Wehrtsche Hof gehörte ja auch nicht irgendeinem Unbekannten, sondern einem Mann von Welt: Als Sieger war der aus der Altmark stammende Christoph Königsmarck an der Spitze von schwedischen Truppen im Jahre 1645 in Stade eingezogen. Als von Königin Christine eingesetzter Gouverneur hat er danach das Alte Land von der Schwingestadt aus regiert. Bald schon erwarb er den Borsteler Hof. Ob er allerdings jemals Nutzen daraus zog, weiß man nicht. Als Hauptresidenz hatte sich der in mehreren Feldzügen reich gewordene Königsmarck Schloß Agathenburg bei Stade erbaut. Und sein Wiesen-Palais in Borstel wahrscheinlich nur hin und wieder als Sommersitz genutzt.

Eine Kirche als Gesamtkunstwerk

Vom Wehrtschen Hof zur Kirche sind es nur ein paar Schritte. Und wieder führt der Weg am Wasser entlang. Dem Schutzheiligen der Schiffer ist das Gotteshaus gewidmet, denn der Borsteler Hafen, heute ein malerisches Naturschutzgebiet, brachte ja durch Jahrhunderte den Einwohnern Wohlstand und Brot. Von Düsterkeit ist nichts zu spüren, wenn man über die Kirchenschwelle tritt: Als stilreines Gotteshaus ist St. Nikolaus heute das Ziel vieler Kulturtouristen im Alten Land. Und wird mit der blauen Tonnendecke, den prallbunten Ausmalungen und dem von einem Borsteler Tischler geschnitzten Kanzelaltar als eine jener Kunstkammern empfunden, die man im 17. Jahrhundert zur allgemeinen Erbauung eingerichtet hat. Besonderen Reiz besitzt neben einer die ganze Wand überspannenden Orgel eine bemalte Marienstatue, die ein unbekannter Künstler im 14. Jahrhundert aus hartem Eichenholz geschnitzt hat. Ein wenig fremd, da hier der Jugendstil den Pinsel führte, nehmen sich die in den 20er Jahren unseres Jahrhunderts entstandenen Ausmalungen des Wahl-Altländers Karl Förster aus: Der Künstler hat sich mit den Darstellungen von typischen Altländer Szenen seine Liebe zu diesem Landstrich von der Seele gemalt. Eine Liebe, die er auch in sein bis heute als Standardwerk geltendes Buch »Altländer Fahrten« hat einfließen lassen. Blind vor Zuneigung zum Marschenland soll er es abgelehnt haben, jemals die magere Geest zu betreten.

»Aurora« grüßt vom Deich

Durch die Obstwiesen führt der Weg auf die Windmühle »Aurora« zu, die sich, wie ihre Freundin »Amica venti« in Twielenfleth, über den Niederungen des Lebens erhebt. Der Name erinnert ebenfalls an die barocken Königsmarcks. Die Enkeltochter des »groten Christophs« stand ihrem Ahnherrn nämlich nur wenig nach. Gebildet und mit sprühendem Geist ausgestattet, hat sie als Mätresse Augusts des Starken das Land − zumindest heimlich − eine Zeitlang regiert. Denkmalschutz als Lebensgefühl: Die Borsteler Mühle, für 3 Millionen Mark nahezu neu wieder aufgebaut, ist anders als die in Twielenfleth nur noch für den Sonntag da.

Ein Halt in Höhe der Mühle lohnt sich noch aus einem anderen Grund: Hier beginnt jenseits der anderen Straßenseite die verwilderte Welt des Alten Hafens. Und wenn man die Duckdalben, dunkel geworden von der Zeit, und die abgebrochenen Leitern sieht, die zu dem versunkenen Kai hinunterführen, dann ist dieses Stück untergehender Zivilisation auch Symbol eines Ortes, der den Namen »Venedig des Alten Landes« vielleicht doch verdient.

Steinkirchen und Grünendeich

Bäume, Brücken, Backsteinbauten: In Steinkirchen hat das strenge Deichhufendorf Urlaub. Und geradezu gesellig drängen sich die Häuser rund um den Markt. Altmodisch ausgedrückt würde man Steinkirchen einen Marktflecken nennen. Denn vom Juwelier bis zum Blumenladen finden sich alle einschlägigen Geschäfte hier. Und nicht einmal auf eine gut sortierte Buchhandlung muß man verzichten. Dennoch ist klar, wo das Zentrum liegt: Wie in einer holsteinischen Kleinstadt ragt die Kirche als beherrschender Mittelpunkt auf.

Als Hauptort der ersten Meile hat Steinkirchen schon früh Karriere gemacht. Wie ungewöhnlich im 13. Jahrhundert der Bau einer steinernen Kirche gewesen sein muß, läßt sich am Ortsnamen ablesen: Als »Steinlu« oder »Lu Lapidae« wurde der Ort im Jahre 1336 erstmals erwähnt. Und das hat sich im Lauf der Jahrhunderte dann zum klangvollen Steinkirchen abgeschliffen.

Schützenhilfe kam aus Rom: 1332 hatte der Papst dem kleinen Steinkirchen einen eigenen Ablaßbrief verliehen. Und der führte bald zu einem regen Ansturm der Wallfahrer. Um 1500 konnte auf Grund dieser zusätzlichen Einkünfte mit dem Bau einer größeren Kirche begonnen werden. Die Barockzeit brachte dann den eigentlichen Glanz: Sie wandelte St. Martin et Nicolai zu einer ländlichen Kathedrale um. Und schmückte sie im Inneren wie einen sakralen Schloßbau. Veränderungen auch am Markt: Bei den Profanbauten setzte sich ebenfalls ein gewisses Repräsentationsbedürfnis durch. Und die gut proportionierten Fachwerkbauten aus dem 17. und 18. Jahrhundert in der Nähe der Brücke sind Zeugnisse eines erwachenden Bürgerstolzes. Denn längst hatte sich Steinkirchen vom reinen Bauerndorf zum Handelszentrum hin entwickelt. Und immer mehr Menschen, die als Schiffer, Gastwirte, Handwerker und Höker ihr Geld verdienten, siedelten sich hier an. In der »Bürgerei« bauten sie sich ihre eigene, abseits von den Marschhöfen gelegene Welt.

Heute ist vor allem der Weg auf dem Lühedeich Idylle pur. Dichtgedrängt stehen die Häuser, Katzen sonnen sich auf heißen Steinen. Und sauber gestärkt hängen die Vorhänge in den Fenstern. Reizvoll der Blick in die Gärten, in denen der Mangel an Platz zu einem malerischen Gemisch von Bohnen, Rittersporn und Rosen geführt hat. Und wo eine Bank für den Blick aufs Wasser gerade noch Platz hat.

Hafen im Ruhestand

Am Hafen begegnen sich Weg und Fluß. Und leicht fällt es, sich das Durcheinander von Karren, Menschen und Booten vorzustellen, das jahrhundertelang hier geherrscht hat. Noch bis in die 30er Jahre hinein legten in Steinkirchen die Boote ab, die den Hamburgern frisches Obst und — auch das ein beliebter Exportartikel — Meerrettich aus dem Alten Land brachten. Manchmal sogar begleitet von Frauen in Tracht, weil das dem Städterauge — und damit dem Verkauf — guttat.

Heute befindet sich der Hafen im Ruhestand. Und nur die Freizeitskipper machen hier noch ihre Boote fest. Für maritimes Flair sorgt die außer Dienst gestellte Fähre »Lühe«, die im Steinkirchener Hafen für immer vor Anker gegangen ist. Als Restaurantschiff und stählernes Kulturzentrum soll sie bald schon eine neue Attraktion darstellen. Denn die Steinkirchener haben ja an der Hogendiekbrücke gesehen, wie sehr sich Nostalgie lohnt. Aus weißgestrichenen Balken kunstvoll gezimmert, bietet sie den immer passenden Hintergrund fürs Blütenbild. Eine Klappbrücke wie ihre Vorgängerin ist sie allerdings nicht mehr. Während des Krieges ist dieser an van Goghsche Bilder erinnernde Übergang abgerissen und nur in einer vereinfachten Form nachgebaut worden.

Der Weg von der Hogendiekbrücke zurück zur Kirche führt über den Obstmarschenweg. Und da ist auch Steinkirchen wieder ein ordentliches Deichhufendorf. Nebeneinander aufgereiht stehen hier die Häuser mit dem Giebel zur Straße, dahinter breiten sich die Obstfelder in langen Stücken aus. Im Haus von Jan und Meta Kolster gibt es noch eine jener Brauttüren, durch die man als Frau auf dem Arm des frischangetrauten Ehemannes hinein- und dann am Ende des Lebens im Eichensarg wieder hinausgetragen wurde. Denn umziehen tat nur, wer pleite war.

Tradition auch im 150 Jahre alten »Hotel zur Post«. Wer die Mischung aus Alpenveilchen auf den Fenstern und gestärkten Damastdecken auf den Tischen mag und eine deftige Küche schätzt, der ist hier nicht schlecht aufgehoben. Etwas vom Sonntag auf dem Lande ist geblieben. Und einen Kirchgang rundet man immer noch gern in der »Post« ab.

Die Hogendiekbrücke in Steinkirchen im leuchtendweißen Anstrich. Der Nachbau einer früher die Lühe überspannenden Zugbrücke ist heute eine Attraktion der Region.

The Hogendieck bridge in Steinkirchen in shining white. The reconstruction of a drawbridge formerly spanning the Lühe is today one of the region's attractions.

Le pont de Hogendiek à Steinkirchen peint d'un blanc éclatant. La reconstruction d'un pont à levis franchissant jadis la Lühe constitue aujourd'hui une curiosité touristique de la région.

Wenn die Altländer Hochzeit feiern

»De Minsch levt ni alleen von Leev, Wind, Weder und Wußhuut«, sagt man im Alten Land. Was im Hochdeutschen nichts anderes bedeutet, als »daß Liebe, Weisheit, Wind und Wetter« nicht allein seligmachend sind. Gelebt hat man nur, wenn man seine Hochzeit richtig gefeiert hat. Und mindestens 200 Gäste bis in den frühen Morgen hinein das Tanzbein geschwungen haben. Mag die Hochzeit in anderen Regionen ein Familienfest sein: Im Alten Land ist sie für alle da, die Lust darauf verspüren. Und die − nicht ganz unwichtig zu sagen − das nötige Kleingeld dafür haben.

Denn wer sagt denn, daß man als Hochzeitsgast nichts auf den Tisch legen muß? Die Altländer Hochzeit bucht man wie einen Ball. Und schreibt sich im voraus als zahlender Gast ein. Ganz offiziell hat man aus der Zeitung erfahren, wer wann und wo zu feiern gedenkt. Dabei ist es nett, wenn man das Brautpaar kennt. Nötig aber ist es nicht. Wer reif ist fürs Feiern, holt das Schwarztaftene hervor. Oder den dunklen Anzug, packt die »Gav«, meist einen runden Hunderter, ein und begibt sich zum Ort des Geschehens, wo eine Girlande die Besucher willkommen heißt.

Unter den Sitten im Alten Land waren die Bräuche rund um die Hochzeit immer schon die originellsten. Bis zu 500 Gäste kamen früher, als man die Tennen der Bauernhäuser für das Fest ausräumte. Und die Feier meist am Mittwoch beginnen ließ. Der Freitag war dann der eigentliche Hochzeitstag. Bei der Trauung triumphierte dann die Altländer Sparsamkeit: Eine Brautkrone stellte oftmals die Frau Pastor zur Verfügung ebenso wie die Ringe, die man nur zur eigentlichen Zeremonie trug. Ein Brautkreuz als Schmuck für die Festtagstracht war das obligatorische Geschenk des Mannes an seine junge Frau. Nach der Trauung wurde dann kräftig gegessen und getrunken. Wobei man die Altländer Hochzeitssuppe aus einem mitgebrachten Löffel mit kostbarem Filigran schlürfte. Als eigentlicher Höhepunkt der Feier galt die Defiliercour, die nach dem Essen abgehalten wurde. Während die Kapelle »Gev her de Gav« intonierte, zogen die Gäste in langen Reihen an der Braut vorbei und übergaben ihr mit dem Satz »Hiermit entrichte ich meine Schuldigkeit« einen bestimmten Geldbetrag. Am Sonntag stellte man beim »Gavtellen« dann fest, ob sich die Feier überhaupt gelohnt hatte.

Ein Geschäft ist eine Altländer Hochzeit heute schon lange nicht mehr. Und nur ein Teil der Unkosten wird durch den entrichteten Geldbetrag abgedeckt. Schwierig ist es, eine geeignete Lokalität zu finden. Und da ist es dann ein Glück, daß man neben dem »Schützenhof« in Jork auch das im Jahr 1906 erbaute Fährhaus »Kirschenland« buchen kann. Als eine Art »Hochzeitshaus« wird es heute nur noch zu den traditionellen Feiern geöffnet. Geradezu generalstabsmäßig läuft dann die Planung ab. Nach dem Essen, das aus Suppe, dreierlei Sorten Fleisch, dreierlei Sorten Gemüse und dem Dessert (flambiert serviert im dunklen Saal) besteht, wird der Kaffee auf der Galerie gereicht, derweil der Festsaal in Windeseile in einen Tanzsaal umgerüstet wird. Getrunken wird von jetzt an nur noch Brause und Korn. Dazu Sekt an der Bar, wohin der Herr seine Tanzpartnerin geleitet. Um Mitternacht geht es noch einmal rund. Dann gibt es ein Buffet, zu dem Braten, Lachs und Suppe ebenso gehören wie üppige Torten. Um drei Uhr lichten sich die Reihen. Doch die Unentwegten halten durch bis zum Morgengrauen.

Brauttüren schmückten einst das Altländer Haus. Bei der Hochzeit trug der Bräutigam seine junge Frau durch diese Pforte in ihr neues Heim.

Formerly "bridal doors" ornamented every Altes Land house. At weddings the bridegroom carried his young wife through these doors into her new home.

Des portes dédiées aux fiancées ornaient autrefois toutes les maisons de l'Altes Land. Après le mariage, le mari franchissait cette porte d'entrée en portant sa jeune épouse à l'intérieur de leur nouveau foyer.

Eine Kirche wie ein Schloß

Wie sehr unterscheidet sich diese Kirche von den meisten anderen im Alten Land. Beinahe arrogant steht sie da. Und schmückt sich auch noch mit einem weithin sichtbaren achteckigen Turm. Die einheitliche Handschrift des Barocks beherrscht auch das Kirchenschiff, das von einer stuckverzierten Decke überspannt wird. Durch einen geradezu pompösen Aufbau überrascht der Kanzelaltar. Wie machtvoll der Klang der Orgel ist, erlebt man im Gottesdienst: Als eine der am besten erhaltenen Arp-Schnitger-Orgeln ist das 1687 erbaute Instrument mit seinen 28 Registern nach einer umfangreichen Restaurierung heute ein herausragender Kunstschatz im Alten Land.

Ein ungewöhnliches Erbe des verstorbenen Steinkirchener Pastors Wolf-Dietrich Lochte findet man vor der Kirche: Die Rosen, die er hier gepflanzt hat, stammen alle aus Ländern, in denen eine der großen Weltreligionen ihr Zentrum hat. Zu machtvollen Rosenstöcken herangewachsen, sollen sie ein Symbol dafür werden, daß man in Steinkirchen weit über den Horizont zu blicken vermag.

Im Mittelalter hat man auf dem Vorplatz von St. Martini et Nicolai Missetäter hingerichtet. Heute wachsen hier Rosen und Birken.

In the Middle Ages criminals were executed in front of St. Martini and Nicolai. Today roses and birches grow here.

Au moyen âge, on a exécuté des malfaiteurs sur le parvis des églises St Martini et Nicolai. Aujourd'hui, des rosiers et des bouleaux y poussent.

Jede Familie hatte ihre eigene Kirchenbank. In Steinkirchen sitzt man nach wie vor im traditionellen Kastengestühl.

Every family had its own pew. In Steinkirchen people still sit in the traditional boxed-in pews.

Chaque famille avait son propre banc d'église. A Steinkirchen on continue à prendre place dans les stalles traditionnelles.

Die Sehnsucht fährt mit. Weit geht der Blick bei Grünendeich über die Elbe in Richtung Nordsee.

With wanderlust one gazes over the Elbe towards the North Sea.

Un vent de nostalgie passe. Près de Grünendeich, le regard vagabonde sur l'Elbe en direction de la mer du Nord.

Heimat der Lotsen: Grünendeich

Damit hatten die Bewohner von Grünendeich niemals Schwierigkeiten. Denn der Ort, heute ganz selbstverständlich mit Steinkirchen zusammengewachsen, war durch seine Lage an der Elbe immer auf Weitblick bedacht. Eng war die Bindung an das nahegelegene Twielenfleth, und bis ins letzte Jahrhundert hat der Schifferort ja auch noch Obertwielenfleth geheißen.

Daß man später zum klangvollen »Grönendiek« als Ortsnamen überging, liegt vielleicht auch an dem Weg, der an der Lühe entlang zur Elbe führt. Ganz träge fließt hier der Fluß und scheint geradezu ein wenig zu trödeln, weil er weiß, daß es bald vorbei sein wird mit der Eigenständigkeit. Am »Heßbögel«, den er in einer graziösen Schleife umfließt, macht er noch einen unsinnigen Schlenker. Ehe er dann nolens volens durch ein etwas brutal wirkendes Sperrwerk in die Elbe einmündet.

Hier ist es vorbei mit der Wiesenschaumkraut-Idylle. Der Wind jagt über den Deich. Und wie schwimmende Hochhäuser ziehen die Frachter mit ihren bizarren Ladekränen vorüber. Als Verlockung taucht das andere – das holsteinische – Elbufer auf. Und tatsächlich brauchen die Fähren »Schulau« und »Dat Ohle Land« nur eine halbe Stunde, bis sie in Wedel festmachen.

Gelassen betrachten die pensionierten Elblotsen den etwas hektischen Fährbetrieb, wenn sie sich täglich am Lühedeich auf der Rentnerbank zusammensetzen. Und auch einmal von Kap Horn erzählen und den Stürmen, deren Windstärken natürlich nicht abnehmen mit der Zeit. Daß die Altländer Bauern den Aussichtspunkt die »Lügenbank« nennen, liegt einfach daran, daß Neid im Spiel ist. Wer Kap Horn von beiden Seiten umfahren hat, gilt eben viel im Marschenland.

Ausflug ins blühende Kirschenland

Schiffer, Lotsen, Händler, aber nur ein Schlachter und ein Musiker im Dorf. Das jedenfalls berichtet die Chronik, die das Leben im 18. Jahrhundert beschreibt. Die Elbe war eindeutig der Hauptarbeitgeber hier. Und bis nach England, Spanien oder Rußland sind die schwerbeladenen Ewer gefahren.

Was um die Jahrhundertwende am Elbdeich zunehmend lukrativer wurde, war der Fremdenverkehr. Denn die Lühemündung mit dem dahinterliegenden »Kirschenland« galt als vielgepriesenes Ziel. Im schwarzen Anzug holten die Gastwirte die Besucher ab, und Blaskapellen stimmten Vaterländisches an, wenn die Fähren, aus Hamburg kommend, an der Schiffsbrücke festmachten. Mit dem Fährhaus Cohrs besaß Grünendeich eines der schönsten Ausflugsrestaurants im gesamten Niederelberaum. Und opulente Feste wurden in dem großen Saal mit seiner auf Säulen ruhenden Galerie gefeiert. Bis in die 70er Jahre hat es das traditionsreiche Gasthaus gegeben. Erst nach dem Neubau des Sperrwerks verlor es Blick und Ruf. Und ist schließlich einem Feuer zum Opfer gefallen. Nostalgiker empfinden die heutige Gastronomie rund um das Lühesperrwerk bisweilen als unfeine Mischung aus Altländer Bonität und Disneyland. Und manchem ist auch der mit Buden besetzte Platz vor dem Anleger ein Dorn im Auge. Dennoch: In Zeiten, in denen die Preise nicht mehr von allen bezahlt werden können, bieten die Wagen mit Fischbrötchen und Pommes frites durchaus eine Alternative an. Zumal die Plätze mit allerbestem Elbblick auf den Bänken davor im Preis inbegriffen sind.

Wo Leuchtturm und Kirche Nachbarn sind

Der Blick auf vorüberziehende Schiffe macht nicht allein das maritime Flair von Grünendeich aus: Einen erheblichen Anteil daran hat die Seefahrtschule am Kirchensteig, die eine ganze Kommandobrücke aufs Dach geholt hat. Gegründet in Cranz, war die »Lotsen-Universität« 1858 nach Grünendeich umgezogen, wo sie anfangs auf die Ausbildung von Seeleuten aus dem Niederelberaum spezialisiert war. Heute kommen die Aspiranten auf ein Kapitänspatent längst aus dem ganzen Bundesgebiet.

Denn die Schiffe fahren weiter. Und als Garantie dafür, daß sie die Elbsände sicher umfahren, ragt in Grünendeich der Leuchtturm am Kirchensteig auf. Beinahe 40 Meter reckt er sich empor. Und bildet als »Oberfeuer Grünendeich« zusammen mit dem »Unterfeuer Lühe« eine Richtfeuerlinie für die elbaufwärts fahrenden Schiffe. 1899 wurde der weiß-rote Goliath als vollvernietete Stahlgitterkonstruktion erbaut. Und mühsam mußte ein Wärter die 168 Stufen hinaufsteigen, um die Lampen bei Einsetzen der Dämmerung anzünden. Seit dem Jahr 1972 sorgt eine astronomische Uhr dafür, daß das Licht pünktlich auf die Sekunde eingeschaltet wird.

Leuchtturm und Kirche, in Grünendeich halten sie gute Nachbarschaft. Und der Küster, der soeben das Läutwerk von St. Marien in Betrieb gesetzt hat, trägt denn auch passenderweise einen Finkenwerder Fischerkittel. Immer noch wird der Sonntag hier mit allen vier Glocken eingeläutet. Und das soll sich auch in einer Zeit nicht ändern, in der man der Kirche ja nicht gerade die Türen einrennt.

Ähnlich wie in der Schifferkirche von Twielenfleth fühlt man sich auch in der Grünendeicher Kirche wie in einem bürgerlichen Festsaal. Eine aus Lenköping stammende »gottselige schwedische Frau Legatin« hat St. Marien gestiftet, nachdem sie zu Beginn des 17. Jahrhunderts durch Heirat nach Grünendeich verschlagen worden war.

Tips

Sehenswürdigkeiten

Jork
Traditioneller Mittelpunkt des Alten Landes. Heute Verwaltungssitz der Einheitsgemeinde Jork mit Borstel, Jork, Estebrügge, Hove, Königreich, Moorende und Ladekop.

Gräfenhof
1648 von dem Grafen Matthäus von Haren erbaut, 1973 grundlegend erneuert. Im Inneren Prunkräume mit kostbaren Stuckdecken.

Portausches Haus
1658 als »Landesstube« errichtet. Tagungsort des höchsten Altländer Gerichts. Seit Mitte des 18. Jahrhunderts Wohnhaus. Heute Gemeindebücherei.

Kirche St. Matthias
Größtes Gotteshaus im Alten Land. In der heutigen Form zwischen 1664 und 1709 erbaut. Barocker Hochaltar. Das Kastengestühl trägt auf den geschnitzten Bankwangen die Namen der Stuhlinhaber.

»Kohlmeiersches Haus«
Westerjork 49
Bauernhaus aus dem Jahre 1825. 1989 nach umfangreicher Restaurierung als Museum wiedereröffnet. Kunstausstellungen, Konzerte aus der Reihe »Klassik auf dem Lande«.

Bauernhäuser
in Westerjork, Osterjork und Ladekop

Borstel
St. Nikolai
Von umfangreicher Renovierung in den Jahren 1770–1772 geprägt. Einheitliche Ausstattung. 40 Meter hoher Glockenturm mit Spitzbogenblenden. 1695 erbaut.

Wehrtscher Hof
1275 erstmals erwähnt, nach 1657 im Besitz der Familie Königsmarck. Barocke Wendeltreppe, Türsturzschnitzereien, Holzbildwerke mit religiösen Motiven.

Borsteler Mühle »Aurora«
1856 erbaut, 1984/85 grundlegend renoviert. Heute als Museumsbetrieb geführt. Im Sommerhalbjahr Fr., Sa., u. So. Besichtigungen möglich.

Steinkirchen
Barockkirche St. Martini et Nicolai mit der am besten erhaltenen Arp-Schnitger-Orgel des Alten Landes (28 Register). 1687 aufgestellt. Die Kirche ist von der Empore aus tgl. von 9–18 Uhr zu besichtigen.

Bürgerei
Reizvolles Ensemble historischer Fachwerkhäuser. Besonders sehenswert: Bürgerei Nr. 27 aus dem Jahre 1618.

Hafen
Das Fährschiff »Lühe« hat nach seiner »Pensionierung« hier als Restaurantschiff festgemacht.

Hogendiek-Brücke
Nachbau einer alten Klappbrücke. Heute Fußgängerübergang.

Rathaus
Huttfleth 18. Das repräsentative Haus aus dem 19. Jahrhundert wird nach einem geschickten Umbau als Verwaltungszentrum der Samtgemeinde Lühe genutzt. Historisches Hochzeitszimmer.

Grünendeich
Schiffer-Kirche St. Marien
Anfang des 17. Jahrhunderts erbaut. Barocke Innenausstattung, Passionsaltar. (In der Saison stundenweise geöffnet).

Leuchtturm
am Kirchenstieg. Mit Leuchtturmwärterhaus, erbaut im Jahre 1899. Das 38 Meter hohe Oberfeuer kann nicht bestiegen werden.

Sehenswerte Bauernhäuser in Steinkirchen:
Obstmarschenweg (mit Brauttür), Huttfleth (mit Buchsbaumgarten), an der Kirche (mit klassizistischem Giebel).

Museen

Museum »Altes Land«, Westerjork 49
geöffnet Di.–So. 11–17 Uhr,
ab Nov. Mi., Sa., So. 13–16 Uhr.

Altländer Trachtengruppe, Leitung Heinrich Behr, Osterjork,
Telefon 04162/8103.

Altländer Gästeführungen
Info-Büro Westerjork 49, Telefon 04162/1333.

Gasthaus-Tips

Herbstprinz
Osterjork 76, Telefon 04162/7403.
Anerkannt gute Küche, gehobenes Interieur.

Altländer Hof
Osterjork 76, Telefon 04162/6200.
Rustikale Küche, großer Kaffeegarten, Tenne für 130 Personen.

Fährhaus Lühe Cohrs
Tgl. bis zu 25 Fischspezialitäten, Matjeskarte. Telefon 04142/3476.

Stubbes Gasthaus
Gemütliche Wirtsstube, Kaffeegarten. Spezialität: Bauernfrühstück.
Telefon 04142/2535.

Die schönste Wanderung

Vom Alten Hafen in Borstel aus ein Stück entlang der Straße, durch die Obstplantagen zur Elbe, auf dem Deich bis zum Jachthafen Neuenschleuse. Zwischen Bäumen zurück zum Ausgangsort. Dauer 1 1/2 Stunden.

Feste

Altländer Blütenfest in Jork mit Wahl einer Blütenkönigin (erstes oder zweites Wochenende im Mai). Auftritte des Altländer Shanty-Chores.

Matthiasmarkt in Jork (am Sonntag vor Erntedank).

Geheimtips

Bei Michelsen in Jork, Am Gräfengericht 11, kann man kunstvoll gestaltete Puppen in Altländer Tracht kaufen.

Boßeln und Torfstechen in Gruppen auf dem Hof von Gerd Lefers, Osterjork 140, Telefon 04162/375.

Korbflechter Walter Streckwall am Elbdeich 20 a in Borstel, verkauft an den Wochenenden die traditionellen Körbe aus dem Alten Land.

Wo man wohnen kann

Sievers Hotel
Bürgerei 6, Telefon 04162/309.
Historischer Gasthof aus dem 17. Jahrhundert. Gemütliche Gaststube mit hohen Ledersofas.

Hotel »Zum Schützenhof«
Schützenstraße 16, Telefon 04162/333.
Fachwerkhaus mit modernem Komfort, großer Festsaal.

Obsthof Feindt
Westerjork 57, Telefon 04162/7549.
Hier kann man einen Vitaminurlaub buchen.

Auskünfte und Informationsmaterial

Gemeindeverwaltung Jork, Rathaus, Am Gräfengericht 2,
Telefon 04162/60130.

Als wäre es ein Bild von Breughel. In Kisten verpackt, bieten die Obstbauern in Hollern pralle Birnen und Äpfel an.

As if it were a Brueghel picture. The fruit farmers in Hollern offer juicy apples and pears packed in crates.

Comme un tableau de Brueghel. Les cultivateurs fruitiers offrent à Hollern des poires et des pommes bien fermes dans des caisses en bois.

Hollern
Twielenfleth

Erntedankfest der besonderen Art. Mit einer geradezu verschwenderischen Farbenpracht, gemischt aus sattgelben Birnen, blauvioletten Pflaumen und knallroten Äpfeln warten die vielen Verkaufsstände am Obstmarschenweg in Hollern auf Kunden. Und man fragt sich nur, wann die Männer und Frauen eigentlich einmal ausruhen von der anstrengenden Arbeit auf dem Hof.

»Een eegen Hof, en eegen Hus, darto en goden Mat, un Gottes Segen überall, so hett datt keene Not«, steht an einem Haus zu lesen, das in der Hollernstraße 83 aufragt. Und das eine Antwort auf die Frage gibt, warum die Altländer Bauern so auffällig fleißig sind. Immer wollte man ja zeigen, was man besaß. Und dabei hat man dann auch jenen Stil von meisterhaft gestalteten Bauernhausfronten entwickelt, für den dieser Hof wieder ein Beispiel ist: Mindestens zehn verschiedene Muster füllen die Fächer mit dem sogenannten Buntmauerwerk. Und im leuchtenden Weiß trennen die Balken die einzelnen Gefache voneinander. Überhaupt zeichnet sich Hollern durch besonders reich ausgestattete Höfe aus. Und noch immer sagt man den Bauern nach, daß sie nicht eben schlecht »Klei an de Fööt« hätten. Womit man im Plattdeutschen sehr bildreich die Wohlhabenheit der Marschenbauern umschreibt. Schließlich wußten die ersten Siedler schon, warum sie sich gerade in dem etwas landeinwärts liegenden Gebiet niedergelassen hatten. Bereits 1147 wird ein »Thitgeriscoph« erwähnt. Fünfhundert Jahre später hat man diesem Ort dann den Namen Hollern gegeben zur Erinnerung an die niederländischen Einwanderer, die viel dazu beigetragen haben, daß ödes Wasserland in fruchtbare Äcker verwandelt werden konnte. Die Kolonisationszeit hat in Hollern besonders markante Spuren hinterlassen: Der aus Findlingen und Ziegelsteinen gemauerte Turm der Kirche gilt als das älteste Gebäude im Alten Land. Seit man bei Restaurierungsarbeiten einen Stein fand, in den die Jahreszahl 1116 eingeritzt ist, gilt dieses Datum als Baujahr des Eremiten, der sich wie sein berühmter Kollege in Pisa ein wenig zur Seite neigt. Weit jünger als der wuchtige Rundturm ist das sich anschließende Kirchenschiff: Zu Beginn unseres Jahrhunderts mußte es neu aufgemauert werden. Die kostbaren Einrichtungsgegenstände – darunter eine Statue des Heiligen Mauritius, eine Taufe und ein gotischer Altar – konnten übernommen werden.

Eindrucksvoll sind die rund um die Kirche aufgestellten Grabplatten, die als »redende Steine« von den Zeiten erzählen, in denen noch fast jedes zweite Kind in den ersten Lebensjahren gestorben ist. Schlichte Kreuze über den Köpfen der Jungen und Mädchen, die zusammen mit ihren Eltern auf den Sandsteinplatten abgebildet sind, stehen für den frühen Tod. Die nüchterne Art der Darstellung aber für die Ergebenheit, mit der man damals solche Tragödien hinnahm.

Mühlenpoesie in Twielenfleth

Häuser, Zäune, Gärten. Dahinter, im warmen Herbstlaub schimmernd, die Reihen der dicht an dicht stehenden Bäume. Eine Rechtskurve braucht es noch, ehe man das bizarrste Gebäude des Alten Landes vor sich hat. Die Windmühle von Twielenfleth ragt mit einer solchen Grazie inmitten der Obstgärten auf, daß man sich an ein altes Gemälde erinnert fühlt, auf dem der Müller – vom Mehlstaub umweht – am Gartenzaun lehnt. Nach Mehl riecht es hier bis heute. Denn die Mühle in Twielenfleth ist immer noch in Betrieb. Drei Jahre lang hat Hein Noodt sein Handwerk gelernt, ehe er die elterliche Firma übernahm. Und damit eine Tradition weiterführte, die nun schon in der fünften Generation besteht. Der Geselle Julius Heinrich Noodt hatte die Mühle 1851 gekauft und ihr den klingenden Namen »Amica venti« beibehalten, was sich mit Freundin, Gespielin oder Geliebte des Windes übersetzen läßt.

Schon um 1300 muß hier eine Bockwindmühle gestanden haben. Und eine Mühle dieses Typs war es auch, die im Jahr 1818 bei einem Sturm zusammenbrach und den Müller unter sich begrub. Als Galerie-Holländer verfügte der Nachfolgebau mit einem massiv gemauerten Sockel über mehr Standfestigkeit. Statt des ganzen Mühlenkörpers drehte man nur noch das Dach mit den vier Flügeln in den Wind.

Welche Vorteile sich neben einer größeren Sicherheit ergaben, stellt man beim bereits beim Betreten des dämmerigen ersten Bodens fest. Hier hat man Platz, Fenster geben den Blick frei nach draußen. Und Säcke lassen sich mühelos an den Wänden stapeln. Den Platz konnte Müller Noodt bestens nutzen, als er ein elektrisches Triebwerk einbauen ließ. Ein Elektromotor liefert heute neun Zehntel der Energie, die für das Mahlen und Schroten der verschiedenen Getreidearten gebraucht wird. Denn trotz seines wunderbaren Flügelschlags bleibt der Ertrag der traditionellen Arbeitsweise gering: Während der Elektromotor 3000 Umdrehungen in der Stunde schafft, werden mit der Flügelkraft bei einer mittleren Windgeschwindigkeit schlappe 75 Umdrehungen erreicht.

Noch ist Hein Noodt entschlossen, die Mühle auch in den kommenden Jahren weiterzuführen. Man nimmt ihm ab, daß er die »Amica venti« auch durch schwere Wetter bringen wird.

Ein Industriebetrieb mit unvergleichlichem Charmes ist die Windmüle von Twielenfleth. Seit einhundertsiebzig Jahren wird in der »Amica venti« Korn gemahlen.

The Twielenfleth windmill is an industrial undertaking of incomparable charm. For the last 170 years the "Amica Venti" has been milling corn.

Le moulin à vent de Twielenfleth est une entreprise industrielle au charme incomparable. Depuis cent soixante-dix ans, on moud les céréales dans le moulin Amica Venti.

Abseits der großen Straße liegt dieses Haus in Twielenfleth. Wie ein Teppich breiten sich die Blumen vor den niedrigen Fenstern aus.

This house in Twielenfleth lies off the main road. Like a carpet the flowers spread out from the low-set windows.

Loin de la grande route se trouve cette maison à Twielenfleth. Un tapis de fleurs s'étend devant les fenêtres basses.

Jedes Jahr im Mai findet in Jork das Blütenfest statt. Jung und alt werfen sich dann in Schale.

Popular and well known: the blossom festival in Jork.

Appréciée et connue de tous: la fête des arbres en fleurs à Jork.

Vom Gott der Schiffer und Lotsen

Zur Mühle gerichtet liegt das große Familiengrab der Noodts. Daneben haben viele Elblotsen auf dem Friedhof von Twielenfleth ihren Platz gefunden. Ein Kirchensteig führt auf das Gotteshaus zu: mit bunten Bauerngärten zur Linken und einem mit Schwertlilien bewachsenen Graben zur Rechten geradezu eine Erholung vom Plantageneinerlei der Apfelbäume.

Rote Ziegel, weiße Balken. Der einschiffige Fachwerkbau protzt nicht, steht aber für das Selbstbewußtsein der Twielenflether Schiffer. Mindestens dreimal soll die Kirche nach schweren Sturmfluten »umgezogen« sein, ehe sie um 1600 hier ihren Standort fand. 1813 ist St. Marien dann auf den Fundamenten des Vorgängerbaus im kassizistischen Stil und in ihrer heutigen Form errichtet worden. Mit Fenstern, die eher an ein Lustschloß denken lassen als an eine Dorfkirche.

Überraschend klar wirkt auch der Innenraum. Die leuchtend blau gestrichene Tonnendecke kontrastiert mit den schneeweiß gekalkten Wänden. Wichtigster Blickfang der Kirche ist dennoch der Altar. Realistisch sind die 12 Apostel dargestellt, und strahlend erhebt sich im Mittelschrein eine Madonna, die auf einer Mondsichel steht.

Ein Messingleuchter erzählt in seiner Inschrift, daß er von der »Witwe und Eheliebsten« des Nikolaus von Höpen im Jahre 1673 gestiftet worden ist. Daß der Kirche auch heute noch Spenden zufließen, beweist ein von der Decke herabhängendes Votivschiff: Vier Jahre lang hat ein Altländer Bootsbauer daran gearbeitet und dabei eines jener Schiffe nachgebaut, von denen früher so viele im Twielenflether Hafen gelegen haben.

Denn Twielenfleth und die Schiffahrt waren immer untrennbar miteinander verbunden. 1824 zählte man hier 106 Fahrzeuge, darunter 14 Ewer und 87 Jollen. Und auch in der Fischerei war man nicht eben unerfahren. Von Stör-Fängen wird berichtet, die mehr als hundert Pfund Kaviar eingebracht haben.

19 Kilometer Elbdeich, das ist heute die Realität. Und der frühere Hafen nach dem Bau des neuen Schutzwalls Vergangenheit. Weniger gradlinig als in anderen Altländer Dörfern sind die Häuser hinter dem Deich aufgereiht. Und manchem Obergeschoß gelingt es sogar, über den grünen Ring hinwegzugucken. Hier achtern Diek liegen auch die Läden, die es im Ort glücklicherweise noch gibt. Und mancher Hof — wie der des Obstbauern von Chassen — sorgt für reichen Apfelsegen. Auch mit seiner Badelandschaft ist Twielenfleth rekordverdächtig: Als einziges Freibad, das zwischen Hamburg und Cuxhaven im Außendeichgelände liegt, bietet es vor dem Kopfsprung den Blick auf vorüberziehende Schiffe. Das nahe Feriendorf in Twielenfleth mit seiner an holländische Grachtensiedlungen erinnernden Bauweise gilt heute als eine der gelungensten Anlagen dieser Art in Niedersachsen.

Ohne Deich kein Land

Spaten, Wagen, Muskelkraft. Mehr hatten die Menschen nicht, als sie sich um 1200 daranmachten, ihre Felder gegen den Erzfeind, das Wasser, abzuschotten. Immer wieder blieben die Pferde im Schlamm stecken, und mühsam nur konnte man die Sturzkarre die Baustelle hinaufquälen, wo sie dann von wartenden Männern entladen wurde. Ohne Deich kein Land: Erst als sich ein etwa 4 Meter hoher Erdwall zwischen Elbe und Marsch erhob, als man auch an den Flüssen Barrieren gebaut hatte, konnte man sich um den Anbau auf dem eigenen Land kümmern.

Deprimierend war es, wenn ein gerade vollendeter Deich von einer hereinbrechenden Sturmflut zerstört wurde. Und stets war man sich der Gefahr bewußt, die von einem schlecht gepflegten Deich ausging. Streng waren folglich die Vorschriften: Jeder »achtern Diek« wohnende Bauer hatte dafür zu sorgen, daß das Stück Deich vor seinem Land, das sogenannte Kabel, keine Mängel aufwies. Konnte ein Anwohner diese Auflage nicht erfüllen, drohte ihm die »Verspatung«, die darin bestand, daß der betroffene Hofbesitzer zum Zeichen seines Konkurses den Spaten in die Deichkrone rammen mußte.

Die Aufsicht über die Bollwerke oblag schon früh sogenannten Deichrichterschaften (insgesamt sieben im Alten Land), die sich aus 19 Geschworenen, fünf Richtern und einem Oberrichter zusammensetzten. Ein eigenartiges Schauspiel bot die zweimal jährlich abgehaltene Deichschau. Alle Beamten erschienen im Abendmahlsrock mit dem Zylinder auf dem Kopf und ritten, den Degen an der Seite, die Strecke ab. Lange hat sich das Altländer Deichrecht gehalten. Erst die Gesetzgebung in der Mitte des 19. Jahrhunderts nahm den Verbänden ihre Autonomie. Heute liegt die Verantwortung bei Bund und Ländern. Den Anwohnern, vertreten durch die Gemeinde, obliegt dennoch die Pflege der Deiche. Regelmäßige Begehungen sorgen für eine größtmögliche Sicherheit.

Denn natürlich weiß man, daß es keinen dauerhaften Frieden geben kann mit der Flut. Zu lang sind die Listen der Naturkatastrophen, zu düster die Schilderungen, die weit in die Anfangszeiten zurückreichen. Ausführlich berichtet Albert von Stade über die Julianenflut, in der im Jahre 1164 Tausende von Menschen und Tieren ertranken. In der Cäcilienflut im Jahre 1412 sollen dann sogar 30 000 Menschen den Tod gefunden haben. Im 18. Jahrhundert hat das Wasser nicht weniger als siebenmal innerhalb von nur 40 Jahren seine bittere Ernte eingeholt. Dabei hatte man bald nicht nur die unberechenbare Natur als Schuldigen im Visier. Hexen wurden ebenso verantwortlich gemacht für einen Deichbruch wie das »Fressen, Saufen und Protzen bei Festen«.

Wie trügerisch auch in unseren Zeiten die Lage am Strom ist, bewies die Sturmflut im Jahre 1962: An 38 Stellen brachen die Deiche, und 365 Menschen ertranken zwischen Neuenfelde und Wilhelmsburg. Von einer Jahrhundertflut sprach man zunächst. Nicht ahnend, daß im Januar 1976 eine noch höhere Flut auflaufen sollte. Daß es trotz eines niemals zuvor registrierten Pegelstandes nicht zur Katastrophe kam, war dem mit Sielen und Sperrwerken verstärkten Elbdeich zu verdanken, der nach 1962 errichtet worden war. Heute allerdings mehren sich die Stimmen, die warnen, daß bei einer Häufung von Zufällen (Sturm aus West-Nordwest, ein hoher Wasserstand und eine gefährliche Springflut) auch dieser Deich nicht hoch genug sein könnte.

Schafherden wie diese auf dem Deich bei Lühe sind wichtige Helfer beim Küstenschutz. Mit ihrem Verbiß halten die Tiere die Grasnarbe auf den Deichen kurz, ihre Hufe schließen kleine Risse im Erdreich.

Flocks of sheep like these on the dike near Lühe are important helpers for coastal protection. Their grazing keeps the grass on the dikes short and their hoofs close small cracks in the ground.

Des troupeaux de moutons comme celui-ci sur la digue de Lühe représentent une aide importante dans la protection côtière. En coupant l'herbe, ces animaux font que la couche d'herbe sur les digues reste courte et leurs sabots ferment des petites fissures dans la terre.

Eine Insel für Zivilisationsmüde

Ein paar Schönheitskorrekturen könnte die vor Twielenfleth liegende Elbinsel Lühesand vertragen. Und doch: Wer sich mit dem offenen Boot von Holger Blohm übersetzen läßt, betritt eine andere, wildere Welt. Auf Lühesand haben sich die Camper eingerichtet, und manche haben sich geradezu phantastische Häuser erbaut und diese dann auf Pfähle gestellt, damit das Hochwasser sie nicht erreichen kann. Einer Goldgräbersiedlung ähnelt das alles, und Einsamkeit verströmt auch das Gasthaus, von dessen Terrasse aus man im Sommer einen einzigartigen Blick auf das gegenüberliegende Ufer hat.

Zurück auf dem »Festland« fährt man vielleicht noch nach Bassenfleth weiter. Aber hier stößt das Alte Land bereits an das Industrierevier Unterelbe. Mit zwei Kraftwerken, einem Öltanklager und der größten deutschen Saline ist diese Region eine vor allem am Abend geisterhaft wirkende Enklave des Fortschritts. Und die Höfe in Bassenfleth erscheinen mit ihren ausladenden Scheunentoren wie Teile eines nachgebauten Freizeitparks.

Tips

Sehenswürdigkeiten

St. Mauritius
Kirchturm aus dem 12. Jahrhundert mit 75 Zentimeter dicken Mauern, aus Findlingen und Backsteinen errichtet. Ältestes erhaltenes Bauwerk im Alten Land. Kirchenschiff im Jahre 1901 erneuert. Taufbecken in Glockengußtechnik aus dem 16. Jahrhundert. Spätgotischer Flügelaltar. Figur des Heiligen Mauritius aus dem 14. Jahrhundert.

Obst- und Naturlehrpfad
Beginnend in Hollern gegenüber der Gaststätte »Zur Linde«.

Twielenfleth

Fischerkirche St. Marien
1819 neu erbaut. Glockenturm mit achteckigem Helm von 1615. Im Inneren: Marienaltar. Eicherne Taufe von 1606.

Windmühle »Amica venti«
Dreigeschossiger Galerie-Holländer, seit 1851 im Besitz der Familie Noodt. Besichtigung nach Vereinbarung. Telefon 04141/76818.

Sehenswerte Bauernhäuser
Hollern, Hollernstraße 83. Bassenfleth, Am Deich 89.

Gasthaus-Tip

Hollerner Hof
Hollernstraße 91, Gesellschaftsräume bis zu 180 Personen. Nach Voranmeldung: Altländer Spezialitäten.

Die schönste Wanderung

Deichweg beginnend beim Fährhaus Twielenfleth, auf dem alten Deich bis nach Grünendeich, bei der Schlachterei Gosenau abbiegen und durch den Durchweg, die Hinterstraße und den Mühlenweg zurück zum Fährhaus (ca. 1 Stunde).

Wassertour

Vom Parkplatz Lühesand aus mit dem Fährmann Holger Blohm im offenen Boot auf die Elbinsel Lühesand übersetzen. In der Saison regelmäßiger Pendelverkehr. Großes Vogelschutzgebiet.

Freibad Twielenfleth

Beheiztes Schwimmbad im Außendeichsgelände. Ab Mitte Mai geöffnet. Telefonische Auskunft: 04141/76881.

Museen

Museum im alten Twielenflether Leuchtturm, mit Schiffsmodellen von 1893 bis zur Gegenwart.

Feste

Im Mai: Blütenlauf des TSV Twielenfleth.
Im Juni: Schützenfest in Twielenfleth.
Mühlenfest rund um die »Amica venti« (an wechselnden Terminen).

Geheimtips

In der »Amica venti« kann man bei Hein Noodt frischgeschrotetes Getreide, Mehl und Müsli kaufen. Telefon 04141/76818.

Obsthof Ramdohr.
300 Jahre alter Hof. Große Auswahl an heimischen Apfelsorten. 15 verschiedene Marmeladen im Angebot.

Wo man wohnen kann

Twielenfleth
Feriendorf »Altes Land«
Hier hängen dem Gast die Äpfel und Birnen beinahe in den Mund. Das großzügig angelegte Feriendorf liegt, umgeben von Obsthöfen, inmitten von Wiesen. Die Fachwerkhäuser passen sich dem Stil der Gegend an und bieten dennoch Komfort. Tante-Emma-Laden im Dorf. Ganzjährig geöffnet, Telefon 04141/70561.

Obsthof Ernst-August Eckhoff
Ferienwohnungen im Bauernhaus.
Hollernstraße 95, Telefon 04141/70420.

Zeltplatz Elbinsel »Lühesand« mit Camping nach Robinson-Art.
Holger Blohm Telefon 04141/7684 und 2775.

Auskunft und Informationsmaterial

Samtgemeinde Lühe, Huttfleth 18, 21720 Steinkirchen,
Telefon 04142/8990.

Fahrradverleih Feriendorf »Altes Land«
Hollern-Turilenfleth, Telefon 04141/7980.

Leuchtturm in Twielenfleth.

Stade

Unter dem barocken Kirchturm von St. Cosmae lebt man beschaulich in Stade. Fachwerkbauten bestimmen das Stadtbild.

One leads a tranquil life in Stade under the Baroque church tower of St. Cosmae. Half-timbered houses characterize the townscape.

A l'ombre du clocher baroque de l'église St Cosmae on vit tranquillement à Stade. Des bâtiments à colombage dominent l'aspect de la ville.

Hallende Schritte, Nebel, Novemberlicht. Vortrefflich ließe sich rund um St. Wilhadi ein Film über das Mittelalter drehen. Und wenig nur müßte man der Kulisse beifügen, die wie gemacht ist für den Auftritt von Mönchen, Pestträgern und Frauen, die dem Scheiterhaufen zuschreiten. Fanatismus, Strenge, Mystik. Alles paßt zu diesem herrischen Backsteindom, der die Fachwerkhäuser rundum zu erdrücken scheint − ein Symbol der vergangenen Macht. Bedeutender als Hamburg war Stade einst. Und gelacht hat man über das bescheidene »Hammaburg«, das da irgendwo im Sumpf versteckt lag. Ehe es dann doch als Sieger aus dem ungleichen Kampf hervorging. Stade blieb die Stadt der Höhen und Tiefen. Der Aufstiege und der Niedergänge. Der gewonnenen und verlorenen Schlachten. Und gleich die erste schriftliche Urkunde berichtet von einem blutigen Gemetzel. Und davon, wie die Wikinger im Jahre 994 nach einem Überfall auf die Siedlung ihre Geiseln mit abgeschnittenen Ohren, Nasen und Händen in den Hafen geworfen haben. Nicht ohne im Getümmel ein paar bronzene Schwerter zu opfern, die man heute im Museum besichtigen kann.

Blut floß auch am Ende der Dynastie der Stader Grafen, die als das stolzeste Fürstengeschlecht im Norden Niedersachsens galten: In Dithmarschen wurde der letzte Stader Graf Udo III. von freiheitsdurstigen Bauern erstochen. Und stürzte, da er kinderlos geblieben war, sein Land ins Chaos. Kein Erbe, kein Friede: Erbittert stritten der Bremer Erzbischof, durch den Besitz großer Teile des Gebiets längst heimlicher Herrscher an der Schwinge, und der sich seiner sächsischen Ansprüche erinnernde Heinrich der Löwe miteinander um die bedeutende Grafschaft. Und es dauerte 90 bittere Jahre, ehe Stade endgültig an den Erzbischof von Bremen fiel. In dieser Zeit ist die Stadt fünfzehnmal belagert und erobert, nie aber ganz vernichtet worden. Eine Festungsanlage, von dem Sachsenherzog angelegt, trug sicher ihren Teil zum Überleben bei.

Hansestadt an der Schwinge

Um 1200 begann trotz der fürstlichen Streitereien die Blütezeit des Bürgertums. Geschickt lösten sich die Bewohner der mächtigen Stadt aus der Bevormundung durch die Obrigkeit und sicherten sich die unterschiedlichsten Privilegien. Das ermöglichte ihnen einen weitverzweigten Handel im Nordseeraum. Als eine der ersten Städte trat Stade der Hanse bei. Und hatte fortan ein wichtiges Wort mitzureden in diesem mächtigen Städtebund. Vor allem der Salzhandel garantierte sichere Einnahmen. Ein strenges Stapelrecht tat ein übriges dazu. Jedes Schiff nämlich, das die Niederelbe hinauffuhr, mußte den Hafen anlaufen. Oder sich durch die Zahlung eines Zolls von dieser Auflage befreien.

Aber Hamburg saß der Hansestadt im Nacken. Ertrotzte sich seinerseits Privilegien. Und schaffte es nach und nach, das mächtige Stade zu beerben. Immer mehr Schiffe umgingen das Stapelrecht. Und erbittert mußten die Bürger zudem mit ansehen, wie die Schwinge langsam im Sand erstickte. Trotz mehrerer Durchstiche wurde sie bald ein müder Fluß. Und schaffte es nicht mehr, die immer größer werdenden Schiffe in den Hafen hineinzutragen. Bald zogen sich auch die Händler zurück, und Stade wurde sogar aus dem Hansebund ausgeschlossen. Noch einmal blühte die Stadt auf, als sie zwischen 1587 und 1611 englischen Kaufleuten und niederländischen Religionsflüchtlingen Zuflucht bot. Und dabei durch einen regen Handel mit Tuchen einen Teil ihres Wohlstands zurückgewann. Aber schon bei Ausbruch des Dreißigjährigen Krieges lag die Stadt wieder marode da und geriet bald in die Kampfhandlungen zwischen den schwedischen, dänischen und kaiserlichen Truppen hinein. Nach mehreren Belagerungen wurde sie dann 1645 von dem aus der Altmark stammenden schwedischen General Hans Christoph von Königsmarck erobert und drei Jahre später im Westfälischen Frieden der schwedischen Krone zuerkannt. Wider Willen machte Stade erneut Karriere: Als Sitz des schwedischen Generalgouverneurs wurde es Regierungshauptstadt der Herzogtümer Verden und Bremen und eine Art Potsdam an der Niederelbe. Trotz erheblicher finanzieller Einbußen, trotz Enteignungen und des Gefühls, fremdregiert zu sein, blühte die Stadt auf. Und hätte nicht am 26. Mai 1659 ein Feuer getobt, das 700 Häuser und mehrere Kirchen und Klöster in Schutt und Asche legte, dann hätte sie vermutlich noch ganz anders geglänzt. Per aspera ad astra. In der Zeit des prunkvollen Barocks entstand Stade neu. Und dieser Stil prägt bis heute das Bild. Denn wenn man die Häuser auch eher bescheiden hochzog, beim Fachwerk blieb und wenig Zierat zuließ: An den Kirchen sparte man nicht und nicht am Rathaus. Gewissermaßen aus Trotz baute man vor allem die Kirchen zu wahren Stadtschlössern um und verpaßte ihnen Kirchtürme, bei denen man offenbar in Lübeck Maß genommen hatte.

Auch die Armeestadt hinterließ ihre Spuren: Die Festung, mit neun Bastionen und vier Ravelins erbaut, legte sich wie ein Korsett um den Ort. Schwedenspeicher und Zeughaus rundeten das Bild einer modernen Garnisonsstadt ab. Erst 1867 wurde die Festung offiziell aufgegeben. Und Stade dehnte sich nun in die Vorstädte aus. Die beiden Weltkriege richteten dann glücklicherweise kaum Schaden an. Erst die abrißwütigen 60er Jahre hätten beinahe zur Zerstörung der Altstadt geführt, wenn nicht die Mittel für die moderne Betonarchitektur gefehlt hätten. Als die problematischen Industrieansiedlungen im Landkreis wieder Geld in die Kassen brachten, hatte man umgedacht. Stade war plötzlich wieder reich genug, um die historische Altstadt zu restaurieren. Und erstand wie eine Phönix aus der Asche.

Heute wohnen etwa 3000 Menschen im alten Zentrum, genauso viele wie im Mittelalter. Und da sich auch die verwirrende Vielfalt von Gassen und Straßen, von Twieten, Treppen und eingezwängten Gärten erhalten hat, ist das Stadtbild nicht unähnlich dem, das auf alten Gemälden zu sehen ist.

Am eindrucksvollsten ersteht die Vergangenheit rund um St. Wilhadi, in dessen Turm sich die Risse und Schrunden wie Narben eingegraben haben. Zwischen 1300 und 1350 wurde die dreischiffige Hallenkirche erbaut, die ja immer auch Kathedrale des zeitweilig in Stade residierenden Bremer Bischofs war. Im Wilhadi-Viertel lag der bischöfliche Hof. Und imponierend muß die Vielfalt der klerikalen Bauwerke gewesen sein, die für die Macht des Krummstabs stand. Fünf Kirchen, drei Klöster und drei Kapellen zählte man im 15. Jahrhundert in Stade. Und leicht kann man sich das Treiben vorstellen, das rund um die immer geöffneten

Gotteshäuser mit ihren plärrenden Ablaßverkäufern geherrscht hat. Nach der Reformation verschwanden sie zusammen mit den Barfüßermönchen, den Nonnen und Pfarrern. Und mit ihnen viele der kirchlichen Gebäude, für die es nun keine Verwendung mehr gab. Aber Stade wäre nicht Stade, wenn nicht doch ein Zeugnis jener Zeit übriggeblieben wäre. St. Johannis, von Wilhadi aus über die Seminarstraße zu erreichen, wurde 1230 als Franziskanerkloster gegründet, durch den Stadtbrand zerstört und später ohne seine Kirche wieder aufgebaut. Ähnlich dem Heiliggeisthospital in Lübeck diente es nach der Reformation als Armenhaus und später dann als städtisches Altenheim. Heute zeigt man es gern als mittelalterliche Dichterklause: Im St.-Johannis-Kloster hat der Mönch Albert seine »Stader Annalen« aufgeschrieben, die als eines der wichtigsten Zeugnisse jener Zeit immer wieder zur Quellenforschung herangezogen werden.

Der Holztretkran im Stader Hafen war unentbehrlich beim Be- und Entladen der Schiffe. Ein Nachbau steht heute an der Stelle, wo früher Holzkräne ihren Dienst versahen.

The wooden treadle-operated crane was indispensable for loading and unloading ships in Stade harbour. Today a reproduction stands in place of the original, which served its purpose for many centuries

La grue en bois à pédales était indispensable pour le chargement et le déchargement des bateaux dans le port de Stade. Ce vétéran, qui a ici rendu service pendant des siècles, a été remplacé par une reconstruction.

Erbe der Glanzzeit von Stade: Am »Wasser West« stehen prachtvolle Häuser aus dem 17. und 18. Jahrhundert. Im Vordergrund das Kunsthaus, in dem eine Sammlung von Bildern Worpsweder Maler untergebracht ist.

Heritage of Stade's glorious age. On the "Wasser West" stand magnificent 17th and 18th century buildings. In the foreground the Kunsthaus, which houses a collection of pictures by Worpswede painters.

Héritage de l'époque dorée de Stade: dans la rue Wasser West s'alignent de magnifiques maisons du 17ème et 18ème siècle. A l'avant-plan, la Kunsthaus qui abrite une collection de tableaux des peintres de Worpswede.

Musik paßt zu St. Cosmae

Die Düsternis des Mittelalters verläßt man, wenn man in den Bannkreis von St. Cosmae et Damiani kommt. Klingt nicht bereits der Name nach barocker Fülle, nach Lebensfreude, nach musikalischen Kantaten? Ein Pastor mit wehendem Talar kommt denn auch gerade aus der Kirche. Und da die Türen noch weit geöffnet sind, kann man den Hauptaltar aus der Werkstatt des Christian Precht, den aus dem 15. Jahrhundert stammenden Gertrudenaltar, das kunstvoll geschmiedete Gitter aus dem 17. Jahrhundert und die Orgel betrachten. Der Glückstädter Instrumentenbauer Berendt Huß hat sie zum Klingen gebracht und sich dabei von einem Gesellen helfen lassen, der Arp Schnitger hieß und der bei den schwierigen Arbeiten noch nicht ahnte, daß er später im Alten Land für beinahe jedes Gotteshaus eine Orgel bauen sollte.

Musik paßt gut zur prachtvollen Kirche St. Cosmae, die sich außerordentlich wohl zu fühlen scheint in der drängeligen Enge der Häuser, von denen sie umgeben ist, und die ihren Turm zu tragen scheint wie eine Krone. Ihn liebt man in Stade und huldigt noch Jahrhunderte später dem Baumeister Andreas Henne, der ihn nach dem großen Feuer schuf. Die Kirche der Ratsherren und der Kaufleute war St. Cosmae et Damiani ja immer. Und so war es denn auch Sitte, vor der Ratssitzung noch schnell auf ein Gebet im nahen Gotteshaus vorbeizuschauen. Ebenso, wie es Brauch war, nach anstrengenden Debatten im Ratskeller einzukehren. Aus festem Stein erbaut, hatte das Feuer das gotische Gewölbe nicht zerstören können. Und so kann man heute in dem von Kerzen erhellten Raum tafeln wie in der Zeit, als sich über ihm noch ein prachtvolles gotisches Rathaus mit Treppengiebeln erhob.

Am Dekor gespart hat man auch bei dem 1667 errichteten barocken Nachfolgebau nicht. Mit der sensibel gestalteten Fassade, dem prunkvollen Portal und dem an ein Herrenhaus erinnernden Treppenhaus gestattet es selbst demjenigen ein erhebendes Gefühl, der sich nur ein Formular abstempeln lassen will. Wie unaufdringlich sich das Rathaus ins Stadtbild einfügt, sieht man beim Hinaustreten auf die Straße: Ganz selbstverständlich reiht es sich in die Häuserzeile der Hökerstraße ein und verzichtet auf den großen Auftritt, den ein Marktplatz sonst beschert.

Mittelalterlicher Charme am Fleet

Die Hökerstraße ist der Boulevard von Stade. Immer schon wichtigste Straße der Stadt. Sitz der Fernhändler und Kaufleute. Und heute die Einkaufsstraße schlechthin. Das älteste erhaltene Haus steht hier und zeigt mit seiner weiten Diele und den engen Kontorstuben, in denen das »Stadt-Café« untergebracht ist, wie so ein Stadesches Buddenbrookhaus einmal ausgesehen hat. Von der Hökerstraße zweigt gleich ein ganzes Bündel von Straßen ab, darunter die Kleine und Große Schmiedestraße mit dem ehemaligen Palais der Grafen Königsmarck, die Neue Straße, die zum Pferdemarkt mit dem von den Schweden errichteten Zeughaus hinüberführt, und auch die Rosenstraße, in der ein Haus aus dem 16. Jahrhundert mit kunstvollen Schnitzereien erhalten ist. Von der Rosenbrücke, die über ein dunkles Fleet führt, sieht man die Hudebrücke mit venezianischem Charme über dem brakigen Wasser liegen. Wie sehr man zu sparen wußte mit dem Platz in der engen Stadt, zeigt sich an diesem Übergang, der nicht nur zur Rosenstraße hin bebaut ist. Auch auf der Hafenstraße trägt er eine Häuserzeile, die allerdings eine ganz andere Vornehmheit hat als die verwinkelten Bauten im »Hinterhof«.

Der Hafen ist heute so etwas wie der Salon der Stadt. Denn wie arrangiert stehen die Häuser am Kai. Das schönste ist zweifellos das Bürgermeister-Hintze-Haus, das als einziges übriggeblieben ist von den vielen Barockbauten, die früher einmal die Hafeneinfahrt gesäumt haben. Heute nimmt es sich etwas exotisch aus zwischen den Fachwerkbauten, die – wie das Goebenhaus, das Kunsthaus und das Kramerhaus – zwar auch ihre eigene Nobilität haben, mit diesem Kaufmannspalast aber nicht mitzuhalten vermögen. Einheitlicher präsentiert sich der Fischmarkt, der sich zwischen Hökerstraße, Wasser Ost und Burgstraße schiebt. Er trägt seinen Namen eigentlich zu Unrecht, denn im Mittelalter wurde hier weniger mit Fisch als vielmehr mit Pelzen, Getreide und Tuchen gehandelt. Ein Eremit ist der Alte Kran, der rekonstruiert wurde und – anders als sein Pendant in Lüneburg – nicht mehr funktionsfähig ist. Wie ja auch der Hafen selbst, in dem heute kein Schiff mehr ankommt. Nach den Plänen des Vereins »Alter Hafen e. V.« soll der Zugang nach dem Bau einer Zugbrücke eines Tages wieder möglich sein. Und Kutter, Tjalks und Jollen könnten

dann – wenigstens als Oldtimer – an die Kais zurückkehren. Und das Bild eines Viertels vollenden, dem heute spürbar etwas fehlt.

Aber das alles ist Zukunftsmusik. Vorerst gehören die Kais den Flanierern und den Kaffeehausgästen. Und nicht zuletzt den Museumsbesuchern, die hier zwei der wichtigsten Kunsttempel der Stadt finden. Neben dem Schwedenspeicher mit seiner Sammlung zur Stader Geschichte ist es vor allem das Kunsthaus, das Kenner anzieht. Auf drei Stockwerken ist in dem renovierten Fachwerkhaus eine bedeutende Sammlung Worpsweder Meister untergebracht, wie man sie sonst nur noch in der ehemaligen Künstlerkolonie selber findet. Wie ein Ausblick auf die andere, die von Mooren durchzogene Seite Stades wirken die Bilder von Paula Modersohn-Becker, von Fritz Mackensen, von Heinrich Vogeler oder Otto Modersohn. Denn wenn die alte Hansestadt auch traditionsgemäß zur Elbe hinblickt und zur fetten Marsch, so liefert doch die Geest mit ihren schweigenden Höfen, den Birken und Wasserläufen, den Moorseen und Wäldern ebenfalls ihren Teil des Lebensgefühls. Nicht zufällig hat sich der aus der Altmark stammende Graf Königsmarck in dieser Landschaft ein Schloß erbaut, das heute, hervorragend rekonstruiert, als Kulturzentrum Agathenburg zum ausgelagerten Kunst- und Konzerthaus Stades geworden ist.

Ein reichverziertes Sandsteinportal ziert das Rathaus von Stade. Als Landesherr hatte der schwedische König Karl XI. sein Wappen über der Tür angebracht.

A richly ornamented sandstone portal adorns the Stade town hall. The Swedish King Charles XI, as rightful sovereign, had his coat-of-arms mounted above the door.

Un portail en grès aux nombreuses ornementations embellit l'hôtel de ville de Stade. Le roi suédois Charles XI, souverain de droit, avait fait apposer ses armoiries au-dessus de la porte.

Tips

Sehenswürdigkeiten

St. Wilhadi
Gotische Hallenkirche des 13. und 14. Jahrhunderts. Früher Kirche des Erzbischofs von Bremen. Barocke Innenausstattung.

St. Johannis-Kloster
Im 17. Jahrhundert auf den Grundmauern einer mittelalterlichen Klosteranlage als Armen- und Altenheim erbaut. 1979–81 renoviert.

St. Damiani et Cosmae
Älteste Kirche der Stadt. Barocke Prägung nach dem großen Stadtbrand von 1659. Turmhelm von Ratszimmermeister Andreas Henne im Jahr 1688 errichtet.
Im Inneren: Orgel von Huß und Schnitger. Gertrudenaltar aus dem Besitz der Brauerknechte. Hauptaltar von Christian Precht.

Rathaus
Barocker Backsteinbau mit Sandsteinverblendungen. Schloßähnliches Treppenhaus, Festsaal. Im 1. Stock Porträts der hannoverschen Könige.

Zeughaus
1697/1698 als Waffenarsenal für die schwedischen Truppen erbaut.

Hafen
Baumhaus. Früher Sitz des obersten Hafenmeisters. Heute originelles Museum zur Hafen- und Stadtgeschichte.

Fischmarkt
Mit dem Nachbau des Alten Krans.

Wasser West
Geschlossene Häuserzeile aus dem 17. Jahrhundert mit Bürgermeister-Hintze-Haus, Goebenhaus, Kunsthaus.

Schwedenspeicher
Proviant- und Packhaus der schwedischen Truppen in Stade, 1692–1705 erbaut. 1975–78 unter Beibehaltung der tragenden Holzkonstruktion umfangreich restauriert.

Höker-, Salz-, Rosen- und Kramerstraße
mit reizvollen Bürgerhäusern.
Besonders sehenswert: Renaissancehaus aus dem Jahre 1590 in der Bäckerstraße 1–3 mit 26 geschnitzten Halbsonnen.

Stadeum
Kultur- und Tagungszentrum mit großem Konzert- und Theatersaal. Telefonische Auskunft: 04141/409140.

Museen

Regionalmuseum im Schwedenspeicher
(Sammlung zur Vor-, Früh- und Stadtgeschichte).
Kunsthaus mit Worpsweder Meistern.
Museumsinsel: Früher Vorwerk der schwedischen Festung.
Heute Freilichtmuseum mit Altländer Haus (1733), Bockwindmühle (1632) und Geestbauernhaus (1851).

Gasthaus-Tip

Knechthausen, Bungenstraße 20.
Jahrhundertelang Versammlungsort der Brauerknechte, die während der Pestzeit das Recht zum Totentragen zuerkannt bekamen. Heute Feinschmecker-Restaurant mit italienischem Akzent.
Telefon 04141/45300.

Die schönste Wanderung

Die ehemaligen Wallanlagen sind heute die grüne Lunge Stades. Reizvolle Spazierwege bieten immer neue Ausblicke auf die Stadt.

Wassertour

Im Ruderboot den Burggraben erkunden. Bootsverleih am Burggraben. Telefon 04141/609321.

Vom Alten Hafen aus starten im Sommer sporadisch Schiffe zu Kaffeefahrten auf der Elbe.

Feste

Schwedenwoche und Altstadtfest im Juni.
Weihnachtsmarkt während der Adventszeit auf dem Pferdemarkt.

Geheimtip

Planwagen- und Kutschfahrten mit einem erfahrenen Turnierfahrer in die Umgebung (auch zweispännig möglich). Telefon 04141/46446.

Wo man wohnen kann

Parkhotel »Stader Hof«
Am Stadeum gelegen. 200 Betten, Zi. m. Bad/Dusche/WC.
Telefon 04141/4990.

Hotel »Herzog Widukind«
Große Schmiedestraße 14, mitten in der Altstadt.
Telefon 04141/46096.

Auskunft und Informationsmaterial

Fremdenverkehrsamt, Bahnhofstraße 3, 21682 Stade,
Telefon 04141/401450.

Das Bürgermeister-Hintze-Haus am Stader Hafen. Als der Barockbau im Jahre 1932/33 rekonstruiert wurde, hat man die Fassade originalgetreu wieder aufgebaut.

Burgomaster Hintze House on Stade harbour. When the Baroque building was reconstructed in 1932/33, the facade was rebuilt in the original style.

La demeure du maire Hintze sur le quai du port de Stade. Lorsque le bâtiment baroque fut reconstruit dans les années 1932/33, on a entièrement respecté l'originalité de la façade.

Dem Himmel etwas näher: Haus auf dem Deich in Mittelnkirchen.

Somewhat closer to Heaven; house on the dike in Mittelnkirchen.

Plus proche du ciel. Une maison sur la digue de Mittelnkirchen.

Mittelnkirchen, Guderhandviertel und Neuenkirchen

Wann man auch kommt: Immer stehen zwei oder drei zusammen, haben die Harke in der Hand oder den Pinsel, mit dem sie gerade irgend etwas ausgebessert haben. Reden miteinander und sehen dabei in die Ferne. Das Herz Mittelnkirchens schlägt auf dem Deich. Und wie für ein Ohnsorg-Stück aufgebaut stehen die Fachwerkhäuser mit Backsteinmustern und schneeweißem Balkenwerk auf dem grünen Wall. Die »Hausleute« haben sich auf der Deichkrone ihre Häuser gebaut und es in Kauf genommen, daß im Winter die Keller volliefen. Und der Wind ganz anders zulangte als bei den geschützten Höfen »achtern Diek«. Entschädigung brachte der Frühling, der auch heute noch die schönste Jahreszeit auf dem Mittelnkirchener Deich ist. In weißen Schauern jagen dann die Blütenblätter der Kirschbäume an den Fenstern entlang. Und Löwenzahn und Butterblumen protzen im fetten Gelb. Der Himmel mag wissen, warum Deiche so neidisch machen. Vielleicht liegt es einfach nur daran, daß man hier dem normalen Dasein um ein paar Meter entrückt ist.

Einen Ausblick aufs Kirchendach garantiert die Einkehr im langgestreckten Gasthaus »Op'n Diek«. Ein Gebäude wie das 200 Jahre alte Wirtshaus zu unterhalten ist Schwerstarbeit. Immer bröckelt etwas. Und wie die Zerberusse wachen die Beamten des Denkmalschutzes über dem Haus, ohne sagen zu können, wie die stilgerechten Reparaturen denn wohl zu bezahlen sind. Mit Ausdauer betreibt ein aus dem Süden stammendes Gastwirtsehepaar das Geschäft. Stemmt Kaffeekannen, sobald eine schwarzgekleidete Trauergesellschaft an den langen Tafeln Platz genommen hat. Und schmückt auch den Saal, wenn ein winterlicher Ball angesagt ist. Daß der Ort um die Sparkasse immer noch alteingesessene Läden hat und die Mitglieder des Posaunenchors »Obere Lühe« ihr »Lobe den Herren« zu besonderen Anlässen immer noch im schleppenden Legato spielen, steht ebenso wie das »Op'n Diek« für Mittelnkirchener Tradition.

Eine Kirche, der ein Turm versagt blieb

Media Lu, was nichts anderes als »an der mittleren Lühe gelegen« bedeutet, hat offensichtlich schon früh eine Kirche gehabt. Schwere Findlinge beweisen eine Gründung in der ersten Phase der Siedlerzeit. Die heutige Form erhielt St. Bartholomä dann im Jahre 1702, als sie mit Backsteinen ummantelt und kräftig vergrößert wurde. Charakteristisch ist seither die gedrungene, beinahe schwerfällige Form, die von keinem hochaufragenden Kirchtum gemildert wird. Nachdem Stürme und Feuersbrünste ihn immer wieder zerstört haben, wurde er einfach von der Liste der wünschenswerten Gemeindegüter gestrichen und ein niedriger Holzturm als nüchterner Ersatz gebaut.

Glanz dagegen im Inneren, wo die Ausstattung in wesentlichen Teilen aus der Barockzeit stammt und ein Kanzelaltar sich strahlend weiß aufbaut. Im krassen Gegensatz dazu das Taufbecken, das im strengen Stil der Romanik aus hartem Granit herausgehauen ist.

Die Orgel, die im Jahr 1993 gänzlich erneuert wurde, stammt in wesentlichen Teilen noch aus dem 16. Jahrhundert und wirkt ebenso beherrschend wie die Emporen und Priechen, in denen die Namen der Mittelnkirchener Bauernfamilien eingeschnitzt sind. Anders als in den unruhigen Schifferorten hat man in dem reichen Marschendorf ja immer die Füße unter den Tisch gesteckt. Und so für eine Kontinuität gesorgt, die ein altes Kirchenbuch einem heutigen Telefonbuch nicht unähnlich sein läßt.

Nach der Blüte kommt der Hagel

Äpfel, nichts als Äpfel. Wer von der Kirche aus dem Obstmarschenweg folgt, sieht eine Reihe von Höfen zur Rechten liegen. Fast alle darauf eingerichtet, Obst direkt an den Verbraucher zu verkaufen. Selbst im traditionell wohlhabenden Mittelnkirchen läuft nichts mehr ohne Privatinitiative. Und Großmütter in dicken Wolljacken frieren sich tapfer durch die Nachmittage. Ohne die Mithilfe der ganzen Familie kommt heute kein Obsthof mehr aus, auch wenn in der letzten Zeit durch Lehrlinge, die es wieder in den Obstbau zieht, eine gewisse Entschärfung eingetreten ist.

Bilderbuchmäßig rot und gelb gefärbt hängen die Äpfel an den Bäumen, als wir auf dem »Obsthof Garrn« nach einer scheinbar nicht endenden Fahrt in der hinter der Wettern gelegenen Plantage angekommen sind. »Sehen Sie sich das an«, sagt Peter Garrn und zeigt mir einen faustgroßen Jonathan, der bei genauerem Hinsehen von dunklen Flecken übersät ist. »Genau zehn Minuten hat der Spuk im August gedauert. Und 80 Prozent der Ernte waren von den Hagelschauern vernichtet.« Mit 20 Hektar betreibt Peter Garrn einen der größten Mittelnkirchener Höfe. Allerdings gibt es bis auf ein paar Tage um Weihnachten herum auch keine Ruhezeit. »Gnadenlos übernimmt die Natur die Rolle des Managers. Und die Jahreszeiten diktieren es, ob die Bäume geschnitten werden müssen oder gespritzt, ob man die Kirschen vom Baum holt oder die Äpfel. Denn genau wie beim Getreide gibt es auch für das Obst einen optimalen Zeitpunkt für den Reifegrad.«

Daß ein guter Pflücker bis zu 100 Kisten am Tag schafft, liegt am Training. Städter, die sich aus romantischen Gefühlen für einen Erntetag einfinden – »das ist ja wie bei der Weinlese« – sind mit 30 Kisten am Abend schon so kaputt, daß nur ein kräftiger Schluck Apfelbrand die Leiden lindert.

Trutziges Schiff, bescheidener Turm: St. Bartholomäus in Mittelnkirchen wirkt wie für die Ewigkeit gebaut.

Defiant nave, unobstrusive tower: St. Bartholomew in Mittelnkirchen looks built last for ever.

Nef imposante, clocher modeste: l'église St Bartholomée de Mittelnkirchen semble être construite pour l'éternité.

Wie die Bauern zu Obstbauern wurden

Keine Mär im Alten Land hält sich so hartnäckig wie die vom romantischen Beginn des Obstbaus. Nach gängiger Volksmeinung kamen die Holländer beladen mit vielen kleinen Apfelbäumen im 12. Jahrhundert ins Land, um hier Europas größtes zusammenhängendes Obstanbaugebiet anzulegen. Sozusagen als Pioniere einer frühen Monokultur. Doch die Realität war ganz anders: Bei der Kolonialisierung hatte man, wie in den übrigen Elbmarschen auch, den überaus fruchtbaren Boden als Getreideanbaufläche im Visier. Und jahrhundertelang wurden darauf neben Weizen und Roggen auch Flachs und Braugerste angebaut.

Marschenbauern aus Passion waren die Altländer. Steinreich. Und keineswegs bereit, sich mit dem Kleinkram Obstanbau abzugeben. Denn wenn sie auch sahen, daß mit Kirschen und Zwetschen nicht schlecht zu verdienen war und es im 16. Jahrhundert sogar einmal einen auf dem Rücken der Altländer ausgetragenen Kirschenkrieg zwischen dem Rat der Hansestadt Hamburg und dem Erzstift Bremen gegeben hatte, so überließen sie diesen Erwerbszweig doch den Häuslern auf dem Deich. Erst als sich die Lage auf dem Getreidemarkt durch das Aufkommen des Mineraldüngers zu verschlechtern begann und die Geestböden nun ebenfalls reiche Ernten erbrachten, horchte man auch in den üppig ausgestatteten Bauernstuben auf. Neben einer intensiven Rinderhaltung – die kleingliedrigen Angeliter Kühe wurden bevorzugt – begann man sich nun intensiv um die Kultivierung der verschiedenen Obstsorten zu kümmern. Und um die Jahrhundertwende war das Alte Land schon so sehr vom Obstbau okkupiert, daß man überall in Deutschland vom »Kirschenland« sprach. 1929 wurde erst der Obstbauversuchsring, sieben Jahre später die Obstbauversuchsanstalt in Jork gegründet. Und erst nach dem Zweiten Weltkrieg ist dann jene Monokultur entstanden, die heute das Bild des Alten Landes prägt. Aus England hatte man eine Wurzelunterlage importiert, die unter dem Namen M 9 den gesamten Obstbau revolutionieren sollte. Um das Fünf- bis Sechsfache konnten die Erträge gesteigert werden, da bei dem strauchähnlichen Gewächs die Kraft nun nicht mehr in die Zweige und das Blattwerk, sondern vorwiegend in die Frucht ging. Vorzüge boten die Neuzüchtungen auch bei den anfallenden Arbeiten wie Baumschnitt und Spritzen. Die mannshohen neuen Bäume erwiesen sich auch bei der Ernte als weitaus konzilianter und führten zu einer deutlichen Reduzierung der früher gefürchteten Leiterabstürze. Mittlerweile sind die Hochstammbäume fast ganz aus den Plantagen verschwunden.
Nur auf manchen Deichen und in den Gärten breiten sie noch ihre Kronen aus.

Seinen Schrecken verloren hat auch der schlimmste Feind der Altländer Obstbauern, der vor allem den Kirschen zugeneigt war. Die Stare, verächtlich Spreen genannt, haben jahrhundertelang als drohende Gefahr über den Höfen gekreist. Und oftmals – wolkenartig einfallend – die ganze Ernte in nur wenigen Stunden vernichtet. Die »Spreehüter« waren in der Kirschenzeit folglich begehrte Helfer. Mit Rasseln, Klappern und martialischem Lärm aus Lautsprechern und Grammophonen versuchten Kinder und alte Leute, die gierigen Vögel zu vertreiben. Selbstschußanlagen waren bis zum anderen Elbufer zu hören. Heute trägt das Alte Land Trauer, wenn die Kirschen reif sind. Mit riesigen meist schwarzen Netzen werden ganze Plantagen überdeckt und so – nach Christo-Manier verpackt – dem Zugriff der Stare entzogen.

Selten nur trifft man auf eine solch bizarre Vogelscheuche wie hier in Grünendeich. Die meisten Obstbauern schützen ihre Kirschen heute mit riesigen Netzen vor den gierigen Staren.

Rarely does one encounter such weird scarecrows as these in Grünendeich. Today most fruit farmers protect their cherry crop from voracious starlings with huge nets.

On ne tombe que rarement sur de tels épouvantails bizarres comme ceux-ci à Grünendeich. La plupart des cultivateurs fruitiers protègent aujourd'hui leur récolte de cerises à l'aide de filets immenses des étourneaux voraces.

Ein Calvados aus dem Alten Land

Hochprozentiges aus dem Alten Land? Vor Jahrzehnten klang das wie ein Witz, denn damit hatten die Bauern offiziell nichts im Sinn. Zwar wurde auch damals schon heimlich manches feine Wässerchen destilliert. Und an den langen Winterabenden auch verkostet. Aber selbstbewußt mit Etikett versehen finden sich die Obstler erst seit 1972 in den Gaststätten oder auf den Verkaufsständen der Höfe. In der Zeit der wirtschaftlichen Baisse am Ende der 60er Jahre schlossen sich die Bauern zu einer Genossenschaft zusammen. Bauten sich in Guderhandviertel eine kleine Brennerei. Und begannen nach eingehenden Studien mit der Produktion. Heute steht der Betrieb längst für Altländer Tradition. Von dem angelieferten Obst — jedes Mitglied karrt 300 Tonnen auf das Jahr verteilt an — wird das meiste zu Monopolsprit verarbeitet, der an Großhandelsfirmen abgegeben wird. Ein Rest verläßt als Obstler den Betrieb. Darunter auch ein »Apfelbrand«, der wie der Calvados drei Jahre in Eichenfässern gelagert wird.

Bescheiden im Hintergrund: Der Speicher zur Linken des reich verzierten Bauernhauses in Guderhandviertel stammt aus dem Jahre 1587. Er gilt als der älteste Profanbau im Alten Land.

Unobstrusive in the background, the storehouse to the left of the richly ornamented farmhouse in Guderhandviertel dates from the year 1587. It is thought to be the oldest secular building in the Altes Land.

Modeste à l'arrière-plan: l'entrepôt à gauche de la ferme abondamment ornée à Guderhandviertel date de l'année 1587. Il est réputé être le bâtiment profane le plus ancien de l'Altes Land.

Wohnort für Individualisten: Guderhandviertel

Guderhandviertel – der Zungenbrechername – steht für eine vornehme Vergangenheit. Im »Viertel der guten Mannen« hatten sich mehrere adlige Familien am Ufer der Lühe niedergelassen. Und besonderen Einfluß haben dabei die ursprünglich auf der Elbinsel Hanöfersand beheimateten Zesterfleths gehabt, deren im 18. Jahrhundert abgebrochene Burg, der Bergfried, lange als eine nicht einzunehmende Bastion galt. An prachtvollen Häusern, die wie Bauernschlösser wirken, mangelt es Guderhandviertel auch heute nicht. Vor allem der Hof der Familie Heinrich und das Haus, das einst den Eheleuten Schliecker gehört hat, protzen mit verschwenderisch ausgestatteten Fassaden. Im Hof Schliecker (Bergfried 21) hat die Schauspielerin Elisabeth Flickenschildt die letzten Jahre ihres Lebens verbracht. Mit dunkler Sonnenbrille und einer rauchigen, jeden Einkauf zum Bühnenauftritt gestaltenden Stimme ist sie zwar eher eine Fremde geblieben. Dennoch hat sie, wie sie beteuerte, hier den Platz gefunden, von dem sie immer geträumt hat.

Ein Speicher als Kunstwerk

Guderhandviertel – das ist für den, der es erwandern will, Schwerarbeit, denn der Ort zählt zu den längsten Dörfern im Landkreis Stade. Ein Trost bleibt die Lühe, die sich nach einem Schlenker nach Mittelnkirchen hin auf der Höhe Neßstraße 50 wieder dazugesellt. Die Hausnummer 54 hat für den Kunstfreund einen besonderen Klang: Auf dem weitläufigen Hof liegt ein Speicher, der als der älteste Profanbau im Alten Land gilt. Nach den neuesten Untersuchungen weiß man, daß der 1587 errichtete Fachwerkbau einmal eine Räucherkate, danach Kornspeicher und später Obstschuppen war.

Als wenn hier immer Sonntag wäre. Die Fachwerkhäuser in Guderhandviertel blenden geradezu mit ihrem leuchtend weißen Balkenanstrich.

As if every day were a Sunday. The shining white painted beams of the half-timbered houses in Guderhandviertel are literally dazzling.

Comme si c'était toujours dimanche. Les maisons à colombage de Guderhandviertel éblouissent la vue par le blanc éclatant de leurs poutres.

Zukunftsvisionen in Neuenkirchen

Neuenkirchen, das man über die große Brücke erreicht (ober über einen kleinen Steg, der die »Ziegenbrücke« heißt), paßt sich als typisches Deichhufendorf dem Flußlauf der Lühe an. Auch hier stehen die Häuser der Handwerker und Kätner auf dem Deich. Die Höfe der reichen Bauern aber liegen satt und schwer neben der Straße und halten engen Kontakt zu den Plantagen. Berühmt geworden ist das Dorf durch einen Bauernsohn. Der spätere Ministerpräsident von Niedersachsen, Heinrich Hellwege, wurde in Neuenkirchen geboren. Und hat neben Theodor Heuß auch Konrad Adenauer als Gast ins Alte Land geholt. Selbst Gegner haben dem Politiker Hellwege eine unerschrockene Unbestechlichkeit attestiert, und das kommt wohl nicht von ungefähr. Im Jahre 1812, als das ganze Land unter der Franzosenherrschaft ächzte, hat sich Neuenkirchen nicht geduckt. Und aus Wut über die Zwangsherrschaft das Haus des französischen Bürgermeisters zerstört.

Auch in der Gegenwart bleibt man dem Grundsatz treu, sich nicht ohne Gegenwehr unterbuttern zu lassen. Vehement wehrt man sich gegen Pläne, nach denen die Autobahn Harburg–Cuxhaven durch den Ort führen soll. In großen Schaubildern wird gezeigt, wie sich das Apfelland verändern wird, wenn das Betonband erst einmal das Plantagenland durchschneidet und es vorbei sein wird mit der Ruhe unterm Kirchendach.

Kirche, Kunst und Kirschen

Ein Ort wie Neuenkirchen mit einem eigenen Gotteshaus – das gibt es nur im Alten Land, wo die Kirchendichte sich aus der Tatsache erklärt, daß sowohl den sächsischen als auch den holländischen Siedlern während der Kolonisationszeit das Recht auf ein eigenes Gemeindeleben zustand. Den Bauernhäusern angeglichen in Fachwerk und Farbe verzichtet St. Johannis als kleinste Kirche des Alten Landes auf allen Pomp und bietet eine sauber gehobelte Balkendecke statt eines sternenbekränzten Tonnengewölbes an. Dem bäuerlichen Alltag bietet sie dennoch den Festtagsglanz.

Vielleicht ist einer der Obstbauern, die mit ihren Treckern vor der Kirche die Dorfstraße entlangfahren, ja der Kunstmaler Hans-Dieter Ritter, der an dem Lühedeich einen Obsthof betreibt. Am Wochenende trifft man ihn dann allerdings in seiner Galerie am Hinterdeich in Altenschleuse an. Seit 1972 präsentiert er in der 260 Quadratmeter großen Diele nun schon die unterschiedlichsten Ausstellungen. Und einmal im Jahr zeigt er auch seine eigenen Bilder, die nichts zu tun haben mit der so oft in Öl erstarrten Blütensüßlichkeit. Bauerngärten – bei Ritter lodern sie in braunen, verhaltenen Farben, und selbst den Obstplantagen haftet auf seinen Bildern etwas Fremdes, Bizarres an. Ein Lehrer hat das besondere Talent des Schülers einst entdeckt und gefördert. Daß Hans-Dietrich Ritter dann doch den Beruf des Obstbauern ergriff, hat ihm eine lebenslange innere Zerrissenheit beschert. Aber auch damit lebt man bisweilen im Alten Land.

Tips

Sehenswürdigkeiten

Mittelnkirchen
St. Bartholomäus, Mitte des 18. Jahrhunderts unter Einbeziehung alter Teile neu aufgebaut.
Kanzelaltar von Claus Bülkau (um 1800). Romanisches Taufbecken aus Granit.

Guderhandviertel
Zahlreiche Bauernhäuser mit besonders prachtvoll gestalteten Fassaden. Sehenswert: Hof Schliecker, Bergfried 21, 1822 erbaut, letzter Wohnsitz der Schauspielerin Elisabeth Flickenschildt.

Neßstraße 50
Bauernhaus aus dem Jahre 1618. Daneben Speicher aus dem Jahre 1587. Ältestes profanes Bauwerk des Alten Landes.

Neuenkirchen
St. Johannis
Anfang des Jahrhunderts nach dem Vorbild einer im 17. Jahrhundert erbauten Kirche errichtet. Passionsaltar.

Der Hellwegsche Hof
Dorfstr. 36,
Elternhaus des früheren Ministerpräsidenten Hellwege mit Prunkpforte. Heute Dorfgemeinschaftshaus.

Museen

Galerie »Neue Diele«
mit Heimatmuseum und wechselnden Kunstausstellungen.
Mittelnkirchen-Hinterdeich 176, Telefon 04142/2696.
Öffnungszeiten: Mi. 15–17 Uhr, Sa. u. So. 15–18 Uhr.

Gasthaus-Tip

Mittelnkirchen
Gasthof »Op 'n Diek«
Traditioneller Altländer Gasthof mit großem Saal und Bühne. Der Kaffeegarten liegt direkt an der Lühe und zählt zu den schönsten im Alten Land. Telefon 04142/2354

Die schönste Wanderung

Von der Brücke zwischen Mittelnkirchen und Guderhandviertel aus auf dem Deich bis zur Brücke Guderhandviertel-Neuenkirchen, auf der anderen Seite des Flusses zurück (ca. 1–1½).

Wassertouren

Ein ungewöhnliches Segelerlebnis bietet Gudrun Schleif aus Guderhandviertel an. Ihr Besau-Ewer »Heinrich« (Baujahr 1910) kann von Gruppen für Tagesfahrten gechartert werden, Telefon 04142/2116.

Feste

Essen zum Erntedankfest in der Turnhalle.

Geheimtip

Obstler aus dem Alten Land. Acht verschiedene Schnäpse werden in der Obstgemeinschaftsbrennerei Niederelebe in Guderhandviertel gebrannt, darunter Kirsch- und Zwetschenwasser, Williamsbirne, Herbstprinz-Brand und faßgelagerter Apfelbrand.

Die kleinste Kirche im Alten Land: St. Johannis in Neuenkirchen mit ihrem schiefergedeckten Glockenturm.

The smallest church in the Altes Land: St. Johannis in Neuenkirchen with its slate-roofed belfry.

La plus petite église de l'Altes Land: St Johannis de Neuenkirchen avec son clocher d'ardoise.

Verkauf in den Geschäften der Region oder an den Obstständen der Höfe.

Wo man wohnen kann

»Campingplatz Nesshof« mit Ponyreiten. Malerisch gelegen auf einem Obsthof am Ufer der Lühe. Guderhandviertel. Eigener Bootsanleger. Telefon 04142/2350.

Auskunft und Informationsmaterial

Samtgemeinde Lühe, Huttfleth 18, 21720 Steinkirchen,
Telefon 04142/8990.

Nachdem ein Feuer das gotische Rathaus in Buxtehude zerstört hatte, bauten sich die Bürger dieses Domizil im eigenwilligen Jugendstil.

After a fire had destroyed the Gothic town hall in Buxtehude, the citizens built themselves this seat of authority in their own self-styled "art nouveau".

Après la destruction par un incendie de la mairie gothique de Buxtehude, les citoyens ont construit ce domicile dans un style d'Art Nouveau singulier.

Buxtehude

Drama auf der Buxtehuder Heide: Wie ein Verrückter läuft der Hase mit dem Igel um die Wette und sieht in seinem Wahn nicht, daß sein Kontrahent schon immer vor ihm am Ziel ist. Monsieur Swinegel hatte einfach seine Frau ans andere Ende der Rennstrecke gesetzt. Und genüßlich in der Sonne geträumt, derweil sich Meister Lampe buchstäblich zu Tode hetzte.

Buxtehude, zwischen Stade und Hamburg gelegen, hat jahrzehntelang unter dem 1840 erstmals aufgeschriebenen Märchen gelitten. Denn die Stadt war fortan ein Synonym für tiefste Provinz. Dabei war es wohl eher ein Zufall, daß der hannoversche Journalist Wilhelm Schröder die Estestadt zum Schauplatz des »Wettloopens« gewählt hat: »Buxtehuder Heide« klang einfach zu schön, als daß er ihn sich für seine – später von den Brüdern Grimm in ihre Märchensammlung aufgenommene – Fabel entgehen ließ.

Vielleicht hat Schröder die Estesiedlung aber auch gekannt. Und den Charakter der Bewohner zu schätzen gewußt. Wie kaum eine andere Stadt in Niedersachsen besitzen die Buxtehuder die Fähigkeit, ernst und zugleich auch schlitzohrig zu sein, ausgelassen und ein bißchen spökenkiekerisch. Gleich drei Stadtfeste werden hier gefeiert. Und wenn man dann noch bedenkt, wie viele Cafés und Kneipen sich unter spitzen Giebeln drängen (um die Jahrhundertwende war sogar noch jedes dritte Haus ein Lokal), dann zeugt das von einer bemerkenswerten Geselligkeit. Der Wahlspruch »Süht dat ut ok noch so slecht, dat löppt sich allens wedder trecht«, der im Rathaus aufgeschrieben steht, ist ja auch keine schlechte Lösung. Und besser als die vielen »Arbeit, Pflicht, Treue«-Ausrufe, mit denen sich andere Stadthäuser schmücken.

Ein Bischof baut im Moor

Schon die Gründung im Jahre 1285 mitten im Moor durch Bischof Giselbert von Bremen war ja ein Wagnis. Wasser schwappte überall. Und wenn es knapp einen Kilometer von der neuen Siedlung entfernt auch bereits ein Kloster gab, dem man die Kuhweide als Bauplatz und schließlich auch den Namen wegnehmen konnte, so waren doch aufwendige Pfahlgründungen nötig, ehe die ersten Häuser sicher standen. Im Stil der Gotik wuchs das Rathaus empor. Mauer und Graben umgaben bald schon den kleinen Ort. 1296 konnte mit dem Bau einer Kirche begonnen werden, die, abgesichert durch einen von 15 Bischöfen aus Europa und Kleinasien ausgestellten Ablaßbrief, auch mächtig emporwuchs. Im Jahre 1363 — also verhältnismäßig früh — trat Buxtehude der Hanse bei und war nun ein wichtiger Handelsort an der Strecke von Lübeck nach Brügge. In der hansischen Zeit wurde auch die Festungsanlage gebaut: Buxtehude war schließlich so gut geschützt, daß es knapp zwei Jahrhunderte lang allen Belagerungen widerstand.

Ungewöhnlich rege war das geistige Leben in den engen Straßen. Früh schon wurde eine Lateinschule gegründet. Und selbst Mädchen konnten in dem bis zum 17. Jahrhundert bestehenden Nonnenkloster eine gewisse Bildung erwerben. Erheblichen Reichtum bezog Buxtehude aus dem Rinderhandel. Bis zu 1000 Ochsen landeten brüllend und schiebend täglich in der Estestadt und wurden von hier aus weiter nach Holland und Niedersachsen getrieben. Der Dreißigjährige Krieg brachte dann erst einmal das Ende der Reichszugehörigkeit: Unter General von Königsmarck wurde Buxtehude — ebenso wie Stade — der schwedischen Krone zugeschlagen. Nicht nur zum Schaden übrigens: Da man unter der Wasa-Flagge bis Frankreich segeln durfte, hatten zumindest die Reeder gute Zeiten.

Die Kriegswirren hatten allerdings gezeigt, daß mit einer traditionell gebauten Festung keine Stadt mehr zu verteidigen war. 1683 wurde der Stadtgraben auf einer Breite von 20 Metern zugeschüttet (ohne daß er ganz verschwand). Und die Wälle wurden als Bauplatz für geräumige Hinterhäuser genutzt. Bereits im 18. Jahrhundert siedelten sich erste Industriebetriebe an. Im 19. Jahrhundert war die Stadt Sitz verschiedener Manufakturen. Entscheidende Veränderungen brachte ein Großbrand, der im Jahre 1911 erhebliche Teile der Innenstadt zerstörte und das gotische Rathaus in Schutt und Asche fallen ließ. Im Zweiten Weltkrieg hatte die Estestadt dagegen Glück. Weitgehend unbeschädigt wurde sie Tausenden von Flüchtlingen aus dem Osten ein Zufluchtsort. Einen Coup landete Buxtehude schließlich mit der Eingemeindung von sieben Nachbargemeinden: Mit 30 000 Bewohnern war die ehemalige Moorsiedlung nun plötzlich eine Stadt von beachtlicher Größe. Und trotz des vielbelächelten Namens ein ernstzunehmendes Gemeinwesen geworden.

Daß es überhaupt zu der weitverbreiteten Meinung kam, daß »in Buxtehude die Hunde mit dem Schwanze bellen«, ist schlicht auf einen Übersetzungsfehler zurückzuführen. Die Tatsache, daß man hier schon früh die Kunst des Glockenläutens mit einem Strick beherrschte (Hunte hieß Glocke, bellen hieß läuten, der Schwanz war der Strick), hat es nicht verhindern können, daß noch zahlreiche andere, wenig schmeichelhafte Redewendungen wie »Das macht man vielleicht noch in Buxtehude« dazukamen. Aber damit lebt man hier mittlerweile nicht schlecht, ebenso wie mit der Sage vom Schmied, der mit seiner Kunst müden Männern zum blühenden Liebesleben verhalf. Den Eros-Meister hat man deftig im Ratskeller verewigt, dem Hund als krummbeinigen Dackel ein Denkmal gesetzt, und den schlauen Igel läßt man gleich am Ortseingang mit dem Spruch »Ick bünn all hier« grüßen. Damit könnte es genug sein der Menagerie. Aber schließlich gibt es noch den Buxtehuder Bullen, der als Jugendbuchpreis ebenso Ansehen genießt wie der Buxtehuder Kleinkunstigel, der einmal im Jahr verliehen wird.

So majestätisch sahen Kirchen in Hansestädten aus: Der Turm von St. Petri ragt 73,5 Meter in die Höhe.

Churches in the Hanse towns looked as majestic as the steeple of St. Peter's rising to a height of 73.5 metres.

Telle est l'apparence majestueuse des églises des villes hanséatiques. Le clocher de St Petri domine la ville de ses 73,5 mètres.

Grachtenzauber am Viver

Apropos Tiere: Schwäne und Enten gibt es live auf dem Stadtgraben, dem Viver, dessen fremdländisch klingender Name tatsächlich nicht ein zweites Mal in Deutschland vorkommt. Und vermutlich auf die holländischen Siedler zurückgeht, die als Grachtenbauer ja auch an der Buxtehuder Stadtgründung beteiligt waren. Blätter, Wasserstrudel, tanzende Schatten: Am Viver ist Buxtehude am schönsten, am stillsten, am originellsten. Denn welche Stadt hat schon einen solch glitzernden Mantel um sich gelegt, der sich, dem Lauf der Jahreszeiten folgend, in immer anderen Farben zeigt. Unvergleichlich die Wintertage, wenn das Wasser einmal zufriert. Und Breughel Pate steht bei den vielen Genrebildern, mit denen der Viver dann ein Stück Flandern an die Este holt.

Aber nehmen wir an, es ist Sommer. Der Himmel ist hell und klar. Und St. Petri baut sich in seiner ganzen backsteinroten Pracht auf. Geradezu magisch wird man von der Kirche angezogen, die sich herrisch zwischen die engen Straßen legt und Abt-, Kirchen-, Liebfrauen- und Fischerstraße einen scharfen Schattenriß aufzwingt.

Das kostbarste Kunstwerk der Kirche, einen um 1400 von Meister Bertram aus Minden geschaffenen Marienaltar, wird man allerdings nicht finden: Als Leihgabe steht er in der Hamburger Kunsthalle, wo noch andere Werke dieses bedeutenden Malers zu sehen sind. Einen Altar als Prunkstück hat sich auch das Buxtehuder Heimatmuseum gesichert, das genau gegenüber der Petrikirche liegt: Ein aus dem Jahre 1460 stammender Altarschrein ist in dem aufwendig restaurierten Haus neben anderen Zeugnissen des hansischen Buxtehude zu sehen.

Grachtenzauber am »Fleth«. In Buxtehude hat man viel vom einstigen Charakter der Stadt bewahrt.

The "Fleth" has all the charm of a Dutch "gracht". Buxtehude has preserved much of its old character.

Merveille des canaux du Fleth. Buxtehude a conservé en grande partie son caractère d'autrefois.

Abbildung Seite 86: In nur 153 Tagen wurde die Kirche in Neuenfelde erbaut. Ein steinerner Engel hält Wache davor.

It only took 153 days to build the church in Neuenfelde. A stone angel guards it.

L'église de Neuenfelde a été bâtie en seulement 153 jours. Un ange en pierre monte la garde devant elle.

Stadt der Kneipen und Lokale

Aber am Museum ist man auch schon mittendrin im Herzen der Stadt. Und schnell läßt man sich einfangen vom Treiben in der Langen und der angrenzenden Breiten Straße, wo die Autos keinen Zugang mehr haben. Mutig haben die Stadtväter nach dem großen Stadtbrand von 1911 einen Neuanfang gewagt und sich nicht durch einen historisierenden Wiederaufbau des niedergebrannten Rathauses am Gestrigen orientiert. Daß man in Buxtehude manchmal geradezu verzweifelt versucht, Altes mit Neuem zu verbinden, sieht man vor allem in der Langen Straße, die als Fußgängerzone eingerichtet ist. Zwar finden sich hier so traditionsreiche Geschäfte wie das Juweliergeschäft Brunckhorst, das immer noch den spinnwebenzarten Filigranschmuck herstellt, der schon vor dreihundert Jahren von Buxtehude aus ins Alte Land, aber auch nach Friesland geliefert wurde. An der Bahnhofstraße fallen dann die Bausünden massiver ins Gewicht. Der Damm, der einmal mit 3000 Bäumen als Gartenallee bepflanzt war, wirkt phantasielos und wenig intim. Und froh ist man, daß noch das Ost- und das Westfleth übrig geblieben sind, wo man einem weiteren Stück der alten Grachtenstadt begegnet. Zwar waren auch diese Straßen einmal von schattenspendenden Linden bestanden. Doch auch hier forderte der Verkehr seinen Tribut, einen Hafen brauchte man eben weniger dringend als ein paar befahrbare Straßen. Dennoch: Hier läßt es sich ausatmen. Die nobelsten Geschäfte liegen am »Fleth«. Von weißen Brücken überspannt, fließt das Wasser gleichmütig an den Kaimauern entlang. Einen Ewer hat man sogar noch aus der Zeit herübergerettet, als Buxtehude noch einen regen Schiffsverkehr unterhielt. Und die Waren auf dem Wasserweg nach Hamburg und Bremen gebracht wurden. Heute ist es damit vorbei. Auch wenn der Ewer immer noch eine gute Figur macht im dunklen Wasser.

Ein Relikt aus einer anderen Zeit ist auch der Marschtorzwinger am anderen Ende des Fleths, der sich als letzter von fünf Wehrtürmen gehalten hat. Genau eine Woche vor dem Abriß hat der Heimatverein im Jahr 1927 den alten Krieger gekauft. Und das hat gereicht, daß er heute so aussieht, als sei er für die Ewigkeit gebaut.

Weltberühmt durch eine Orgel: Neuenfelde

Das Ortsschild trägt weiße Schrift auf rotem Grund. Denn wie Finkenwerder und Cranz ist auch Neuenfelde ein Stadtteil von Hamburg. 1937 kam das Altländer Dorf durch das Groß-Hamburg-Gesetz an die Hansestadt. Und seither herrscht bei den erzwungenen Städtern mißtrauische Vorsicht. Schließlich kann man im nahen Altenwerder ja sehen, wie der ehemals gültige Satz »Stadtluft macht frei« seine zynische Bestätigung findet. Hier, wo im Hafenerweiterungsgebiet nur noch ein paar Häuser übriggeblieben sind und die einsame Kirche wie ein Anachronismus im öden Land aufragt, wird bald gar nichts mehr da sein vom einstmals blühenden Marschendorf. Altenwerder wird es dann so ergangen sein wie anderen Orten im Alten Land, die von den Landkarten verschwunden sind.

»Die wüste Meile« nannte man das Gebiet, das sich von der Este bis an die Süderelbe erstreckte. Denn immer wieder wurde das Gebiet von den gierigen Wassermassen überflutet. Und nur ein Verdikt des Erzbischofs von Bremen brachte die Neusiedler im 14. Jahrhundert dazu, das begonnene Werk so lange fortzusetzen, bis man im 15. Jahrhundert statt von der »wüsten« von der »neuen« Meile sprechen konnte. Was dem weiter westlich gelegenen »Alten Land« bekanntlich zu seinem Namen verhalf. Bis in unser Jahrhundert hinein hat sich an der Gefährdung Neuenfeldes nichts geändert. Noch bei der großen Sturmflut im Jahre 1962 wurde das Dorf so stark getroffen, daß sich die Menschen wie in den vergangenen Jahrhunderten in die hochgelegene Kirche flüchteten. Dennoch kamen allein in Neuenfelde neun Bewohner ums Leben. Erst der im Jahre 1968 vollendete neue Elbdeich, der dann auch die Abschottung der Süderelbe zur Folge hatte, brachte Ruhe in die Region. Und läßt die Bewohner nun hoffen, daß dieses mit Sperrwerken verstärkte Jahrhundertbauwerk eine dauerhafte Sicherheit darstellt.

Herbstlicht auf dem Deich

Daß bei solch einschneidenden geologischen Veränderungen mancher Deich auch aufs Altenteil geschickt wurde, hat seine Vorzüge. Einer der schönsten Spaziergänge des Alten Landes führt vom Obstmarschenweg aus (Parkplatz kurz hinter dem Neuenfelder Ortsschild in Richtung Finkenwerder) über den alten Deich zur Neuenfelder Kirche hin. Von dort aus am Ufer der Süderelbe entlang zurück zum Ausgangspunkt.

Deicheinsamkeit. Vor allem wenn man an einem dämmrigen Abend kommt und die Lichter hinter den Fenstern angezündet werden. Nichts hat die Bebauung hier zu tun mit den sich dicht an dicht drängenden Häusern auf dem Deich in Mittelnkirchen. Hier bestehen die Bauernhäuser geradezu auf ihrer Eigenständigkeit, lassen Platz für einen Nußbaum. Für Kastanien, Eschen und Gärten. In Wellen schwingt der Weg — an jedem Hof senkt er sich zur Einfahrt hinunter. Und leicht erkennt man noch die Schlitze, in die bei Hochwasser die schweren Schutztore geschoben wurden. Heute ist es damit vorbei, der Deich darf unordentlich sein, und wucherndes Gras und Blumen wechseln ab mit Sträuchern und Bäumen. Besonders reizvoll ist der Weg im späten Herbst. Der bittere Duft der modernden Nußschalen, das sonore Rattern der schwerbeladenen Trecker, das Licht, das in die goldgelb gefärbten Kastanien fällt, vermitteln ein Bild vom Alten Land, das mit Postkartenidylle nichts mehr zu tun hat. Dieses bäuerliche Bild setzt sich im übrigen auch im Ort selber fort, wenn man durch den »Organistenweg« auf die Kirche zugeht.

Wann die erste Neuenfelder Kirche erbaut worden ist, weiß man nicht genau. Vermutlich ist sie im 13. Jahrhundert erstmals aufgestellt worden, als man die dritte Meile urbar zu machen versuchte. Hasselwerder hieß die von Sachsen bewohnte »Insel mit Haselsträuchern«, deren höchsten Punkt man zur »Kirchendüne« erkor. Daß dieser Standort weit besser gewählt war als der Platz, an dem sich die Siedler im benachbarten Nincop ihre Kirche erbauten, sollte sich bald zeigen. In einer der schweren Sturmfluten um 1400 ist sie für immer untergegangen. Und als »Untermieter« zogen die Nincoper in St. Pankratius in Hasselwerder mit ein.

Love-Story in Neuenfelde

Bis 1682 muß der Bau allerdings eher bescheiden gewesen sein. Wind und Wetter nagten an ihm. Und bald war er mehr eine Ruine als ein Zufluchtsort. Glück für die Kirche: Mit dem intelligenten Johann Hinrich von Finck, der als Pastor nach Hasselwerder kam, verfügte die Gemeinde über eine herausragende Persönlichkeit. Er überzeugte die Bauern davon, daß ein repariertes Gotteshaus nur ein Provisorium sei, sammelte Geld (eine Kollekte für den Neubau wurde in allen Kirchen der Herzogtümer Verden und Bremen abgehalten) und machte konsequent reinen Tisch. Dem totalen Abriß ließ er eine geradezu generalstabsmäßige Planung folgen: Unter der Leitung des in Stade ansässigen Baumeisters Mathias Wedel arbeiteten nicht weniger als vier Baufirmen an dem Neubau, für den die Materialien mit Booten und Ewern herangeschafft wurden. Einheitlich sollte auch die Innenausstattung im damals modernen barocken Stil sein. Neben dem für seine kostbaren Galionsfiguren berühmten Bildschnitzer Christian Precht aus Hamburg holte man deshalb auch den in Stade erfolgreich arbeitenden Orgelbauer Arp Schnitger nach Neuenfelde. Der sich dann, nachdem er sich in die Tochter eines im Ort ansässigen Hamburger Kaufmanns verliebt hatte, als aktives Mitglied der Gemeinde erwies. Von der Hast, mit der man die Kirche in nur 153 Tagen hochzog, ließ sich Schnitger nicht anstecken: Eine provisorisch aufgestellte Orgel sicherte ihm ausreichend Zeit für »seine« Orgel. Mit einem kunstvollen Prospekt und geschmückt mit Bordüren und Girlanden läßt sie heute die Kirche zusammen mit dem von Christian Precht geschaffenen Altar, dem Taufbecken und den Hochstühlen geradezu im Barock schwelgen. Einer der Hochstühle trägt das Wappen Arp Schnitgers: Als Ausgleich für offene Rechnungen hat man dem Künstler diesen prachtvollen Sitzplatz erbaut. Den Orgelbauerhof, in dem er bis zu seinem Tod gelebt hat, gibt es noch. Wo die Hasselwerder und die Nincoper Straße zusammentreffen, steht der um 1900 mit einer neuen Fassade stadtfein gemachte Bau, an dem eine Gedenktafel an den berühmtesten Bürger von Neuenfelde erinnert.

Die Arp-Schnitger-Orgel in Neuenfelde.

The Arp Schnitger organ in Neuenfelde.

L'orgue d'Arp Schnitger à Neuenfelde.

Der »Orgelbauerhof« von 1705.

The "Orgelbauerhof" of 1705, Arp Schnitger's domicile.

La ferme du facteur d'orgues datant de 1705.

Wie der Orgelbauer Arp Schnitger nach Neuenfelde kam

Kein Bild, sondern nur eine Unterschrift, die akkurat, aber mit Schwung aufs Papier geworfen ist: Trotz mancher Details bleibt die Persönlichkeit des Mannes weitgehend im Dunkeln, dessen Schicksal wie das keines anderen berühmten Künstlers mit dem Alten Land verbunden ist. Denn wenn Arp Schnitger auch im Oldenburgischen geboren wurde: Die Musikforschung sieht das Gebiet zwischen Schwinge und Süderelbe heute als seine eigentliche Heimat an. Anfang und Ende seiner Laufbahn liegen hier, wo er seine vielleicht schönsten Orgeln gebaut hat.

Geboren wurde Schnitger im Jahre 1648 als Sohn eines Tischlers in Schmalenfleth bei Oldenburg. Bis zu seinem 18. Lebensjahr wohnte er im elterlichen Haus, eignete sich hier eine große Bildung mit guten Lateinkenntnissen an und erlernte schließlich auch das väterliche Handwerk eines »Snitkers«. Als Geselle kam er nach Stade, wo er unter der Leitung seines Vetters Berendt Huß an dem Bau der Orgel für St. Cosmae mitwirkte. Seine Begabung, eine seltene Mischung aus hohem handwerklichen Können und absolutem Gehör, konnte er dann in St. Wilhadi unter Beweis stellen, als er nach dem plötzlichen Tod seines Meisters die Arbeit zur vollsten Zufriedenheit der musikbegeisterten Bürger zu Ende führte. Für fünf Jahre ließ er sich nun in Stade nieder, und erste Arbeiten führten ihn auch ins Alte Land. Im Jahr 1682 begann er mit dem Neubau einer Orgel in Neuenfelde. Und als er wenig später Gertrud Otte, die Tochter eines hier ansässigen Hamburger Kaufmanns, heiratete, waren die Weichen für sein Leben gestellt.

Hamburg, damals die wichtigste Musikstadt im Norden, wurde dennoch erst einmal Wohn- und Arbeitsstätte des Meisters. Unter den vielen Orgeln, die Schnitger in Hamburg erbaut hat, nahm er sich für das Instrument in St. Jacobi die meiste Zeit. Daneben war er aber auch im gesamten norddeutschen Raum, in Mitteldeutschland und den Niederlanden beschäftigt. Mit Schiffen wurden seine Instrumente bis nach Rußland, Spanien und Portugal gebracht. Großzügig war sein Lebensstil: Zwei Stadthäuser gehörten ihm. Dazu der Hof in Neuenfelde, der mit 24 Hektar nach dem Tod seines Schwiegervaters an ihn und seine Frau übergegangen war.

Im Jahr 1705 scheint sich Schnitger den heute noch vorhandenen »Orgelbauerhof«, erbaut zu haben, und bald nahm er seinen festen Wohnsitz im Alten Land. Längst war er der bekannteste Orgelbauer seiner Zeit, besaß königliche Privilegien und durfte sich auch preußischer Hoforgelbauer nennen. Dabei trug seine Wahlheimat ebenfalls sichtbare Spuren: In Steinkirchen, Hollern und Estebrügge hatte er Instrumente gebaut. In Borstel, Jork und Twielenfleth vorhandene Orgeln überarbeitet. Auch in Neuenfelde erklangen die Fugen auf seinem eigenen Instrument.

Doch die offensichtlich äußerst glückliche Zeit in dem Kirchdorf war nicht von Dauer. Im Jahr 1708 starb seine Frau, seine beiden ältesten Söhne – bereits in seiner Werkstatt arbeitend – fanden nacheinander den Tod. Zwar heiratete Schnitger noch einmal, und seine beiden jüngeren Söhne traten ebenfalls in das väterliche Geschäft ein. Doch seine große Zeit war vorbei. Nach einer Reise in die Niederlande starb er, am 28. Juli 1720 wurde er in seinem Erbbegräbnis in Neuenfelde beigesetzt.

In einer Art Testament legte er dar, warum er keine Reichtümer anhäufen konnte. Zu oft habe er kleineren Gemeinden die Orgeln umsonst gebaut. Und bisweilen nur so viel übrig behalten, daß er sich gerade seinen Wein kaufen konnte.

Von Prunkpforte zu Prunkpforte

Nincop, das an dieser Kreuzung seinen Anfang nimmt, hat zwar keine Kirche mehr. Dafür stehen in diesem sich träge ausweitenden Dorf die reichsten und schönsten Bauernhöfe. Und einige von ihnen zieren sich auch noch, als reichten ihnen die verschwenderisch ausgestatteten Fassaden nicht, mit schneeweißen von bunten Schnitzereien durchbrochenen Portalen.

»Puurt« nennt das Plattdeutsche die seltsamen Gebilde kurz und knapp. Denn trotz allen Pomps stellen die Altländer Pforten vor allem einmal Zugänge dar, durch die, fein säuberlich voneinander getrennt, Erntewagen und Fußgänger den Hof erreichten. Daß sich gerade in Neuenfelde die schönsten Prunkpforten finden, hängt zweifellos mit dem Neubau der Kirche zusammen, der viele Handwerker zusammengeholt hat. Strittig bleibt allerdings die Frage, wo der Ursprung für die bizarren Kunstwerke zu suchen ist: Denn ob eine ähnliche Pforte im Buxtehuder Kloster als Vorbild diente oder die Idee von Handwerksburschen aus Siebenbürgen importiert worden war, läßt sich nicht mit Gewißheit sagen. In jedem Fall scheint man gerade in Nincop die fremdländischen Schönheiten begeistert aufgenommen zu haben. Mit Teufelsfratzen und der Traube als Fruchtbarkeitssymbol versehen, sollten sie die Götter wohl auch ein wenig gnädig stimmen. Im Land der wabernden Nebel war Spökenkiekerei ja immer dabei.

Die Schnitzereien entzücken denn auch den Betrachter, wenn er sich nun zur Prunkpforte von »Puurten-Quast« aufmacht (der so heißt, damit man »diesen« Quast von den anderen Familien gleichen Namens unterscheiden kann) und schließlich auch zur Puurt von Otto Palm kommt, die als die Königin aller Altländer Prunkpforten gilt. Auch das Haus dahinter ist eine Rarität. Mit einer Brauttür versehen, steht es mit seinem reichen Schnitzwerk geradezu herrisch da. Schlichter erlebt man eine dritte Prunkpforte am Neuenfelder Fährdeich, wo man allerdings langsam das bäuerliche Terrain verläßt und in den Bannkreis der Sietas-Werft eindringt. Als neues Wahrzeichen überragt der schwere Lastenkran das kleine Neuenfelde. Und wirkt — beinahe symbolhaft — wie ein riesiges Tor.

Schiffbau zwischen Apfelbäumen

Sietas, dieser Name steht geradezu für den Altländer Schiffsbau. Denn die Werft ist nicht nur die älteste in Norddeutschland. Sie ist auch die einzige, die von den vielen kleinen und großen Betrieben im Alten Land übriggeblieben ist. Im Jahre 1635 gegründet, ist sie stets in der Hand der gleichen Familie geblieben und »wie ein Bauernhof vom Vater an den Sohn weitergegeben worden«. Anfangs auf Holzschiffe spezialisiert, hat man im vorigen Jahrhundert den Umstieg auf Eisenschiffe gewagt und sich nach dem Zweiten Weltkrieg vehement um die Entwicklung von Spezialschiffen gekümmert. Heute arbeiten auf dem 16 Hektar großen Werftareal 1500 Menschen. Ein Leben ohne das Tuten der Werftsirenen kann man sich in Neuenfelde nun wirklich nicht mehr vorstellen.

Auch keine ohne die nahe Süderelbe, die der richtige Platz ist für den Spaziergang am Abend. Begleitet vom Rauschen der Pappeln, geht man hier durch ein Wasser-Wiesen-Land, in dem umgestürzte Bäume, mannshohe Schilfgürtel und verwilderte Inseln beinahe einen Urzustand vorgaukeln. Hier läßt Neuenfelde noch etwas ahnen von der einstigen Wildheit. Und die Zeit, in der man in Neuenfelde auf schwankendem Grund gelebt hat, steht beinahe wieder auf. Dennoch stellt — nach Ansicht der Naturschützer — dieses Gebiet nur einen Notbehelf dar. Sie möchten die Süderelbe wieder an den Hauptstrom anschließen. Und hoffen nun darauf — des Zynismus durchaus bewußt —, daß diese sündhaft teure Baumaßnahme vielleicht dann Wirklichkeit werden könnte, wenn das nahe Altenwerder endgültig in den Hafenbassins versunken ist. Die Öffnung der Süderelbe wäre dann ein Ausgleich für den Verlust an Natur in dem alten Elbdorf.

Tips

Sehenswürdigkeiten

Buxtehude
St. Petri
Hallenbasilika im 14. Jahrhundert erbaut. Hallepaghen-Altar von 1510 (Maler Wilm Dedecke aus Lübeck). Barocke Leuchter, Altar aus dem 17. Jahrhundert.

Rathaus
Von A. Sasse 1920 im ausgehenden Jugendstil errichtet. Ratssaal mit Ölgemälden aus der Region und Motiven aus der Stadtgeschichte.

Straßen
Stavenort, Petri-Fischer- und Abtstraße mit reizvollen Fachwerkensembles.
Fischerstraße 3: Haus aus dem Jahre 1553.

Marschtorzwinger aus dem Jahre 1539.
Letzter von einstmals fünf Wehrtürmen der Stadt.

Lange Straße
Fußgängerzone.
Das Kaufhaus Stackmann ist ein eindrucksvolles Beispiel, wie man Denkmalschutz betreiben und dennoch expandieren kann.

Stadtpark
Um die Jahrhundertwende angelegt.

Neuenfelde
St. Pankratius
Einzige Kirche der dritten Meile. Innenausstattung nahezu einheitlich in Barock mit restaurierter Arp-Schnitger-Orgel.

Die »Palmsche Pforte« und der Palmsche Hof (1660 erbaut, 1980 erneuert). Stellmacher Straße 9.

Prunkpforte von 1683 auf dem Quastschen Hof (»Puurten-Quast«).
Hof aus dem Jahr 1773. Nincoper Straße 45.

Prunkpforte von Jacob Feltmann aus dem Jahr 1747.
Neuenfelder Fährdeich 145.

Sietas-Werft
Seit 1635 im Familienbesitz, älteste Werft Norddeutschlands mit Schwebelastkran »Jucho«.

Am alten Estesperrwerk
Fußgängerbrücke über die Este (auch für Fahrräder möglich).

Hof des Orgelbauers Arp Schnitger
Fassade um 1900 erneuert. Nincoper Straße 95.

Museen

Heimatmuseum
St. Petri-Platz 9.
Prähistorische Funde. Volkskundliche Sammlung.
Besonders sehenswert: Gotischer Schnitzaltar aus dem
15. Jahrhundert.

Gasthaus-Tips

Ratskeller
Breite Straße 2.
Besonders geeignet für Familienfeste, Hochzeiten etc.: Traditionsküche des Nordens. Telefon 04161/2998.

Buxtehuder Brauhaus
Kirchenstraße 13.
»Gasthausbrauerei« in denkmalgeschütztem Gebäude. Hauseigenes naturtrübes Bier, rustikale Spezialitäten. Live-Musik, Frühschoppen.
Telefon 04161/3775.

Stahmer's Gasthof
In unmittelbarer Nähe der Kirche gelegen.
Arp-Schnitger-Stieg.

Gasthaus »Zur alten Eiche«
Nincoper Straße.

Neuenfelder Orgelmusiken

Immer am ersten Sonntag im Monat finden in St. Pankratius Konzerte statt. Beginn 16.30 Uhr. Auskunft: Kirchenbüro, Tel. 040/7459296.

Die schönsten Wanderungen

Auf schattigen Wegen am Viver entlang.

Parkplatz an der Straße Finkenwerder-Cranz kurz hinter dem Ortsschild Neuenfelde. Von dort aus über den Deich am Rosengarten zur Kirche. Entlang der Süderelbe zurück zum Ausgangsort (1½ Stunden).

Feste

Pfingstmarkt in Neukloster.
Schützenfest der Schützengilde von 1539 (Juli).
Weihnachtsmarkt in der Altstadt.

Wassertour

Mit Fahrgastschiff »MS Forelle« auf Este- und Elbetour gehen.
Este-Reederei, Hangkamp 4,
Horneburg, Telefon 04163/5798.

Von Neuenfelde aus fahren die Fähren im Stundentakt nach Blankenese. Fahrzeit ca. 20 Minuten. Hier reizvolle Spazierwege durchs Treppenviertel, auf den Süllberg und in den Hirschpark möglich.

Geheimtips

Filigranschmuck und Bestecke werden in traditioneller Weise bei Juwelier Brunckhorst in der Langer Straße hergestellt.

Der Wochenmarkt rund um St. Petri am Mittwoch und Samstagvormittag bietet neben einem großen Gemüse- und Obstangebot auch regionale Spezialitäten.

In kalten Wintern Schlittschuhlaufen auf der Süderelbe.

Wo man wohnen kann

Hotel am Stadtpark
Bahnhofstraße 1. Zentrale Lage, Sommerterrasse.
Telefon 04161/506810.

Hotel Seeburg
Cuxhavener Straße 145. Im Grünen gelegen.
Telefon 04161/82071.

Bund's Hotel, Neuenfelde
Mit zahlreichen Sport- und Freizeitmöglichkeiten.
Telefon 040/7459397.

Auskunft und Informationsmaterial

Information der Stadt Buxtehude, Lange Straße 4,
Telefon 04161/501297.

Niemand kennt ihren Ursprung: Die Prunkpforten gehören zu den bizarrsten Bauwerken im Alten Land. In Neuenfelde (Bild rechts) finden sich die sehenswertesten Tore.

Nobody knows their origin. The ornamental gates are unique among the architectural features in the Altes Land. Neuenfelde (see picture on right) has gates well worth a visit.

Personne ne connaît leur origine: Ces portes somptueuses font partie des édifices les plus étranges de l'Altes Land. Absolument à voir: les portes de Neuenfelde (photo de droite).

Wasser, Himmel und ein Schiff: Wie im Hafen von Neuenfelde liegen überall im Alten Land die Boote der Freizeitskipper vertäut.

Water, sky and a boat. As in Neuenfelde, all over the Altes Land hobby skippers moor their boats.

L'eau, le ciel et un bateau: les bateaux de plaisance sont amarrés dans le port de Neuenfelde comme partout dans l'Altes Land.